Chants de la Mère

Chants devotionnels de Sri Mata Amritanandamayi

Supplément 2013-2015

Mata Amritanandamayi Center, San Ramon
Californie, États Unis

Chants de la Mère, Supplément 2013-2015

Publié par :
Mata Amritanandamayi Center
P.O. Box 613
San Ramon, CA 94583
États Unis

---------- *Bhajanamritam Supplement 2013-2015 (French)* ----------

Première édition par le Centre MA : août 2016

En France :
Ferme du Plessis
28190 Pontgouin
www.ammafrance.org

En Inde :
www.amritapuri.org
inform@amritapuri.org

Guide de la prononciation

NB : Ces indications sont générales et imparfaites. Elles concernent surtout le sanskrit et le malayalam. Il est donc essentiel d'écouter attentivement le CD pour chanter correctement. Les chants en tamoul et en hindi se prononcent un peu différemment. Par exemple en tamoul, le c de la transcription se prononce comme celui de Céline en français et non tch.

Voyelles

A	comme	a	dans	<u>A</u>mérique
AI	comme	aï	dans	<u>aï</u>e
AU	comme	ao	dans	cac<u>ao</u>
E	comme	é	dans	<u>é</u>cole
I	comme	i	dans	<u>I</u>talie
O	comme	o	dans	<u>o</u>r
U	comme	ou	dans	ch<u>ou</u>x

Consonnes

KH	comme	kh	dans	E<u>ck</u>hart en allemand
G	comme	g	dans	<u>g</u>arage
H	comme	h	dans	<u>h</u>arvest en anglais
GH	comme	gh	dans	lo<u>gh</u>ouse en anglais
PH	comme	ph	dans	she<u>ph</u>erd en anglais
BH	comme	bh	dans	clu<u>bh</u>ouse en anglais
TH	comme	th	dans	ligh<u>th</u>ouse en anglais
DH	comme	dh	dans	re<u>dh</u>ead en anglais
C	comme	tch	dans	<u>Tch</u>ernobyl
CH	comme	ch-h	dans	staun<u>ch-h</u>eart en anglais
J	comme	dj	dans	<u>Dj</u>ibouti
JH	comme	dge	dans	he<u>dge</u>hog en anglais
Ñ	comme	ny	dans	ca<u>ny</u>on

Ś	comme	**sh**	dans	**shine** en anglais mais plus sifflé
Ṣ	comme	**ch**	dans	**cher**
Ṅ	comme	**ng**	dans	**sing**, (nasal) en anglais
V	comme	v	dans	**vallée**
ZH	comme	**rh**	dans	**rhythm** en anglais
Ṛ	comme	r	dans	**r'bouteux** (semi-voyelle)

Les voyelles surmontées d'un trait sont longues, elles se prononcent comme celles indiquées plus haut mais durent deux fois plus longtemps.

Les consonnes qui ont un point en-dessous (ṭ, ṭh, ḍ, ḍh, ṇ, l, ṣ) sont des consonnes palatales, qui se prononcent avec le bout de la langue contre le palais.

Ces mêmes lettres sans le point sont des consonnes dentales, qui se prononcent avec la langue à la base des dents.

Les doubles consonnes sont fréquentes, elles se prononcent et on doit les entendre.

Le ṭ sonne souvent un peu comme un ḍ ce qui n'est pas du tout le cas de ṭṭ qui sonne très dur. Si la personne qui chante est une femme il est parfois nécessaire de changer le genre des mots, par exemple *putran* (fils) devient *putri* (fille), *dasan* (serviteur) devient *dasi* (servante) et *makan* (fils) devient *makal* (fille). Il n'est pas possible de mentionner toutes ces variantes dans ce livre et le public francophone ne s'en apercevra pas. Si vous voulez chanter devant un public indien, vérifiez d'abord que le texte est correct.

Table des Matières

Adi sṛṣṭi lōpamā (Telugu)

ammā ī māyā sṛṣṭiki mōhitu ḍaitini, ī sṛṣṭini vīḍi
nā dṛṣṭi, ninnu cūḍakunnadi ninnu cērakunnadi

O Mère, captivée par Ta création si belle, charmante et illusoire, je suis incapable de l'oublier pour Te voir, je ne parviens pas à Te voir.

adi sṛṣṭi lōpamā nā dṛṣṭi lōpamā
telapavamma īśvari bhuvanēśvari

Est-ce la faute de Ta création? Est-ce un défaut de ma vue ? O Mère de l'univers, éclaire-moi.

tāḍu pāmugā nāku gōcariñcitē
adi tāḍu lōpamā nā dṛṣṭi lōpamā
līlā vinōdini nī triguṇamāyaku nē vasuḍaitē
adi māyā mōsamā nā vāsana dōṣamā
telapavamma īśvari bhuvanēśvari

Si la corde m'apparaît comme un serpent, est-ce la faute de la corde ou un défaut de ma vision? O Mère aux jeux infinis, si je succombe à l'illusion des trois gunas, est-ce la faute de maya (l'illusion cosmique) ou celle de mes vasanas (tendances mentales latentes) ?

kanakam kānaka naganu mechitē
kamsālilōpamā adi erukalōpamā
śilpa saundaryamunu mechi ā śilpini vismariñcitē
adi śilpi dōṣamā nā samskāradōṣamā
telapavamma īśvari bhuvanēśvari

Charmée par la beauté des bijoux ciselés, je ne vois pas l'or qui en est le substrat. Est-ce la faute de l'orfèvre ou une erreur de mon jugement ? Si la beauté de la sculpture me ravit au point que j'en oublie la grandeur du sculpteur, est-ce la faute de l'artiste ou un défaut de mon caractère ?

antā unnadi nīvē ani telisēdeppuḍu?
ninnē sṛṣṭigā cūsē dṛṣṭi kaligēdeppuḍu?
telapavamma īśvari bhuvanēśvari

Quand comprendrai-je que Tu es la Mère omniprésente ? Quand aurai-je la bénédiction de voir la création comme Ta manifestation ? O Mère de l'univers, daigne m'éclairer.

Aintezhuttu (Tamoul)

aintezhuttu vittakan anpar manatai āḷbavan
allaltanai tīrttiṭum ayyanviṭai vāganan

Seigneur du mantra à cinq syllabes (Na-ma-shi-va-ya), souverain du cœur des dévots, Tu chevauches le taureau et Tu mets fin aux souffrances !

malaiyarasan makaḷtanakku mēnipāti tantavan
maṇṇavarum viṇṇavarum vaṇankum marai poruḷavan

La moitié de son corps est Parvati, la fille du roi des montagnes. Il est l'essence des Védas, et Il est adoré par les humains comme par les êtres célestes.

ayyamtannai nīkkinam meytanai uṇarttiyē
jñāna oḷi tantiṭum jñāla mūlamānavan

Cause de la création, Il dissipe nos doutes et révèle la vérité, notre nature réelle. Il répand sur nous la lumière de la sagesse.

nañcatanai pōkkiyē nalamanaittum aruḷiṭum
nānilamē pōttri vaṇankum nāyanmārin nāyakan

Il écarte le poison et donne tout ce qui est bon. Seigneur des *nayanmars*, il est vénéré par le monde entier.

nāḷumkōḷum ennaseyyum nāṭa nīlakaṇṭhanai
innalilā irumaiyilā irainilai unarntezhum

Celui qui a pris refuge en ce Seigneur à la gorge bleue, comment un jour ou une planète défavorable pourraient-ils lui nuire ? Le Divin s'éveillera en nous, libre de toute souffrance, sans dualité.

hara hara hara mahādēva, śiva śiva śiva sadāśiva
gangādhara gaurīnātha, mṛtyunjaya sarvēśa

O Dieu resplendissant, éternel et propice, Tu soutiens le Gange sacré (en le recueillant dans Ta chevelure), Seigneur de Gauri, Vainqueur de la mort, Seigneur de tout !

Akatārilennennum (Malayalam)

akatārilennennum aṇayāte nilkkumō
amṛtaprabhādīpamāyi?
akalāyka orunālumivanil ninnambikē
avalambamārammayenyē?
ammē hṛdayēśvarī ammē hṛdayēśvarī

Demeureras-Tu en moi, Lumière constante qui ne tremble pas ? Je T'en prie, ne Te sépare pas de moi, O Mère. Hormis Ta compassion, qu'ai-je donc ? Mère, Reine de mon cœur.

mada matsarāsura samarāgni jvālakaḷ
aṭarāṭiyurayumī mannil
tava sāntvanaśīta madhumāriyillenkil
gatiyentu gatiyentu munnil?
ammē hṛdayēśvarī ammē hṛdayēśvarī

Les traits négatifs tels que l'orgueil et la jalousie brûlent en moi comme un feu. Quel refuge ai-je donc, hormis Tes tendres et apaisantes paroles de consolation ? Mère, Reine de mon cœur.

tava tankanūpuradhvani tēṭiyalayunna
tuṇayatta nissāranām ñān
oru mātra nin tūmizhittellil nizhalikkil
atilēre vērentu bhāgyam?
ammē hṛdayēśvarī ammē hṛdayēśvarī

Je suis seul, créature insignifiante en quête du doux bruit de Tes bracelets de cheville en or. Si je pouvais devenir ne serait-ce qu'une ombre sur laquelle tu poses ton regard, quel bonheur plus grand pourrais-je espérer ? Mère, Reine de mon cœur.

Akatāril oru nēram (Malayalam)

akatāril oru nēram ōrttāl - amma
amṛtūṭṭi arikiliruttum
arikilēkkyoru kātam aṭuttāl - amma
śaravēgam arikil-āyaṇayum
kanivōṭen nerukayil mukarum - amma
kaṭalōḷam karuṇayatēkum

Il suffit que notre cœur pense une fois à Mère pour qu'Elle nous rapproche d'Elle et nous donne à boire le nectar divin. Si nous faisons un pas vers Elle, Elle arrive comme une flèche à nos côtés. Elle nous embrasse sur le front avec compassion et répand sur nous un océan de grâce.

viravilāy ā mantramōrttāl - amma
iruḷatu nīkki udikkum
mizhiyiṇa nirayunnatariññāl - amma
amṛtattin niravatu nalkum
kanivōṭe arivatu nalkum - uḷḷil
kārttika dīpam teḷiyum

Si nous répétons le mantra « Amma » en aspirant intensément à Sa présence, Elle dissipe les ténèbres et se lève en nous comme le Soleil. En voyant nos larmes, Elle nous accorde la plénitude de l'immortalité. Dans Sa compassion, Elle nous bénit en nous donnant la connaissance ; la lumière de la lampe Kartika brille alors dans notre cœur.

ulakattil ariyunnoraṟivil - 'amma'
yennuḷḷorarivalle nityam?
anputtoraṟivinde niravām - 'amma'
yennuḷḷa satyamē nityam
trippāda patmaṅgaḷallē
bhavarōga duḥkhattin-abhayam

Toute connaissance est périssable, « Amma » seule est impérissable. « Amma, » la plénitude de la connaissance remplie d'amour, est la seule vérité éternelle. Ses pieds de lotus divins sont le seul refuge pour échapper à la maladie de la transmigration.

Alaimōdum (Tamoul 2015)

alaimōdum kaṭalinilē
turumbāy nān tavikkayilē

Particule insignifiante, je suis ballotté dans l'océan infini de la transmigration.

nilaiyāna padam sēra
nīyē en tuṇaiyammā

O Mère, je T'en prie, accepte-moi, donne-moi refuge à Tes pieds divins.

vizhi kiṭaikkumā
kaṭaikkaṇ vizhi kiṭaikkumā
vāzhkaiyyil munnera
vazhi pirakkumā - tāyē

Obtiendrai-je de Toi un regard divin qui m'accordera le progrès spirituel ?

iṭam kiṭaikkumā, enakkōr iṭam kiṭaikkumā
unmanam tanilentrum iṭam kiṭaikkumā
enakkōr iṭam kiṭaikkumā

Aurai-je une place dans Ton cœur ?

karam kiṭaikkumā abhaya karam kiṭaikkumā
tuyarattil tuṇaiyāga karam kiṭaikkumā
undan karam kiṭaikkumā

Me donneras-Tu le support de Ta main, le seul refuge ?

padam kiṭaikkumā malarppadam kiṭaikkumā
vāzhvinil karaisēra padam kiṭaikkumā
undan padam kiṭaikkumā

M'accorderas-Tu refuge à Tes pieds de lotus, afin que j'échappe à cet océan de la transmigration ?

ōm śakti ōm śakti
ōm śakti ōm
ādiparāśakti śivaśakti ōm
ōm śakti ōm śakti
parāśakti ōm
śiva śaktyaikya svarūpiṇi ōm

Ambapaluku (Telugu)

ambapaluku jagadambā paluku
jaganmātā paluku amṛtavāṇi paluku
palukammā paluku nanu karuṇiñci paluku
palukammā paluku kāḷikāmba paluku

Parle, O Mère ! Révèle-Toi, Mère de l'univers ! Révèle-Toi, voix éternelle ! Mère, révèle-Toi en répandant sur moi Ta compassion ! Révèle-Toi, O Mère, Révèle-Toi, Mère Kali !

advaitamai paluku nirdvandvamai paluku
antaṭā paluku anniṭā paluku
andarilō paluku andaritō paluku
nā māṭalalō paluku nā cēṣṭalalō paluku
nēnanu ahamunu tumci nīvē paluku paluku

Révèle-Toi à moi en tant que Vérité non-duelle! Révèle-Toi à moi à mesure que je transcende la dualité. Révèle-Toi à moi partout et en toute chose ! Révèle-Toi à chacun, en chacun. Révèle-Toi toujours dans mes paroles et dans mes actions ! Écrase mon ego, que j'appelle « moi » et révèle-Toi en moi.

satyamai paluku priyamai paluku
hitamai paluku amṛtamai paluku
celimigā paluku aṇdhagā paluku
nā hṛdayamai paluku nā prāṇamai paluku
nēnanu ahamunu tumci nīvē paluku paluku

Révèle-Toi en tant que Vérité, comme ce que tous chérissent. Révèle-Toi sous la forme de bon conseil, sous la forme de nectar ! Révèle-Toi comme amie, comme protectrice ! Révèle-Toi comme mon cœur ! Révèle-Toi comme mon souffle vital ! Écrase mon ego, que j'appelle « moi » et révèle-Toi en moi.

Ambā śāmbhavī (namavali)

ambā śāmbhavī śankarī
mṛtyuṇ-jaya hara priyakarī
sankaṭa hāriṇi śūbhakarī
tribhūvana mōcini sundarī

O Mère bienveillante ! Tu apportes la paix et triomphes de la mort, O Bien-aimée de Shiva ! Tu détruis les obstacles, Tu accordes ce qui est favorable et nous libères des trois mondes, O belle Déesse !

jaya śankarī
jaya śrīkarī
jaya śūbhakarī
jaya sundarī

Victoire à Celle qui apporte la paix, les auspices favorables et le bien ! Victoire à la belle Déesse !

ādi nāda svarūpiṇī
(jaya jaya jaya jaya śāradē)
ādi śakti mahā-rūpiṇī
(jaya jaya jaya jaya kāḷikē)
sanmati dāyini cinmaya rūpiṇi
śaraṇam śaraṇam caraṇayugaḷam ambē

Victoire à la Déesse Sarasvati, personnification du son primordial ! Victoire à la Déesse Kali, personnification de la force primordiale ! O Mère, Toi qui accordes la sagesse, personnification du mental pur, daigne me donner refuge à Tes pieds de lotus !

tāṇḍava nāṭya manōharī
(jaya jaya jaya jaya bhairavī)
ānanda rāga priyakarī
(jaya jaya jaya jaya bhāratī)
sṛṣṭi sthitilaya kāraṇipūraṇi

śaraṇam śaraṇam caraṇayugaḷam ambē

Tu captives les cœurs par Ta danse de dissolution, Tu transcendes la peur de la mort ! Victoire à Toi, Déesse de béatitude, Tu chéris toutes les notes de musique, O Déesse bien-aimée ! Tu crées, soutiens et détruis l'univers. O Déesse ancienne, Mère, accorde-moi refuge !

Ammā dēvī tanidantānā (Kannada 2015)

ammā dēvī tāni-tandānā
dēvī dēvī tandana nīnā

O Mère, Dévi !

ninna mogada munkarulāṭṭā
miñcu tiruvā mandahāsā

O Kali Dévi, j'ai vu Tes boucles dansantes et le sourire resplendissant sur Ton visage, et mon cœur s'est épris de Toi.

kaṇḍu nānū sotuhōde
kāḷī dēvī

O Kali Dévi, j'ai vu Tes boucles dansantes et le sourire resplendissant sur Ton visage, et mon cœur s'est épris de Toi.

tattva śāstra ontu ariyē
sādhane sankalpa ariye

J'ignore tout des Écritures et de leurs enseignements, des pratiques spirituelles ou des résolutions divines

ninna mātra bayasi
bandē nā durgē dēvī

J'ai désiré Ta compagnie, et Tu es partie, O Dourga Dévi

puṭṭa magu nānammā
keṭṭa ammā nīnallā

Je suis un petit enfant, après tout, Tu n'es pas une mauvaise mère.

taḍayāke ettikkoḷḷalu caṇḍī dēvī

Pourquoi tardes-Tu à venir et à m'emmener vers Toi ? O Chandi Dévi !

Ammā hāsattu (Konkani)

ammā hāsattu yō ammā dhāvattu yō
hāsattu yō dhāvattu yō

Mère, je T'en prie, souris. Viens avec un sourire, O Mère, accours vers moi !

kōṇājhsō ādhār nāgē mākā
tugēlya caraṇāku khētū mākā

Je n'ai absolument personne. Tes pieds de lotus sont mon unique refuge.

dukhyāca samsārā paṭlō gē mā
raṭatu raṭatu jagtāgē mā
mujha māy mujha māy dhāvatu yō
mujha māy mujha māy hāsattu yō

Dans ce monde de souffrance, je souffre et je pleure. O Mère, accours me consoler, viens !

māgēlē māgēlē maṇuttāgē mā
māgēlē kōṇājhsā nāgē mā
tujhsā ādhārē āsāgē mā
tyājhsā āṣecīr jagtāgē mā

Les gens disent : « Ceci m'appartient, c'est à moi, » mais à la fin il ne reste rien que je puisse appeler mien. Je ne désire que Ta protection, Tu es mon seul espoir en ce monde.

Ammā ninna prēmakāgi (Kannada 2015)

ammā ninna prēmakāgi kāttarisitē
ammā ninna prēmakāgi hāttoredihe

Amma, je me languis de Ton amour ; c'est avec ce désir poignant

kāttarisi hāttoradu
āttūradi nā hāḍitē

Que je chante. Amma

ammā ō ammā

O Mère

jagada āgūhōgū gaḷali
enna mareteyā?

Es-Tu si occupée par l'univers que Tu m'as oublié ?

kālacakra sariyitendu
enna toredeyā?

Le temps a passé, m'as-Tu abandonné ?

āṭṭa pāṭṭa gaḷali nā
muḷugi keṭṭe nendu
enna toredu hōgē biṭṭēyā

Ou bien as-Tu choisi de T'absorber dans un autre jeu et de me quitter ?

nannabiṭṭu hōgabēḍa ammā
nanna dūra māḍabēḍa ammā

Ne me quitte pas, Amma, ne m'éloigne pas de Toi

nanna anāthē yāgisabēḍā
nanna kai biḍabēḍā ammā

Ne fais pas de moi un orphelin, ne lâche pas ma main !

Ammē enuḷḷu (Malayalam)

ammē enuḷḷu turannu viḷikkumbōḷ
anpōṭe arikil nī ettiṭunnu
māyāmarubhūvil vīṇu piṭaññīṭum
manassil nī maññāyi peytiṭunnu
ammē peytiṭunnu

Lorsque nous appelons « Amma » de tout notre cœur, Tu t'approches affectueusement. Tu te manifestes comme des gouttes de rosée dans le cœur aride de l'illusion.

ende daivamāṇamma amma tannende amma
ennennum uyirēkum nitya satyamāṇamma

O Amma, Tu es mon Dieu, mon véritable bien, O Vérité éternelle, c'est Toi qui nous insuffles la vie.

vātsalyamazhayil nanaññu nanaññuḷḷil
ñānenna bhāvam aliññupōke
hṛdayaviśuddhikkāy kēzhunnu makkaḷ
hṛdinilayē mātē kaṇturakkū
ammē kaṇturakkū

La pluie de Ta compassion a dissout mon ego. Amma, Tes enfants prient pour que leur cœur soit purifié. Amma, le cœur est Ta demeure, daigne ouvrir les yeux, O Amma, daigne ouvrir les yeux !

nin kṛpa prāṇanāyi nirayunna tanuvitil
ninniccha vazhipōl naṭanniṭaṭṭe
nin kazhal pulkiya pūjāmalarivaḷ
nityavum vāṭāte kākkukammē
ammē kākkukammē

Puisse ce corps, dans lequel Tu as insufflé la force vitale de Ta grâce, être un pur instrument de Ta volonté. Je suis une fleur offerte en adoration à Tes pieds que j'étreins. O Amma, protège-moi, afin que jamais je ne me fane, O Mère, protège-moi !

Arivenum akakkaṇ (Tamoul)

arivenum akakkaṇ tirandiṭumō - endan
iruḷenum maṭamai akandriṭumō
aruvamāy anaittilum viḷankiṭum annaiyin
anumati atarkkāy kiṭaittiṭumō

L'œil de la sagesse s'ouvrira-t-il jamais en moi ? Les ténèbres de mon ignorance s'évanouiront-elles jamais ? Obtiendrai-je la bénédiction de la Mère divine qui demeure en tout en tant que Soi, pur et sans forme ?

arivāy ātavan aruḷ purindiṭinum
māyaiyām mēgham maraikkiratē
manatinil avaḷuru oḷiyena viḷankiṭa
taṭaikaḷum māyamāy maraindiṭumē

Le soleil de la sagesse darde ses rayons en abondance mais les sombres nuages de l'illusion éclipsent la grâce divine. Pourtant, quand la splendeur de la Mère divine se manifeste dans mon cœur, tous les obstacles s'évanouissent instantanément.

pēruṇarvenappaṭum perumpātaiyilē
pētaiyām nānum naṭandiṭavē
bētamaiyillā tāyāmavaḷum
kaippiṭittennai naṭattiṭuvāḷ

Ignorant, je m'efforce de marcher sur la voie de l'éveil intérieur. La Mère divine, dont l'amour envers tous est inconditionnel, ne manquera pas de me tenir la main et de me guider vers le but.

Ariyāte ceytoraparādham (Malayalam)

ariyāte ceytor-aparādham-ākilum
anivāryamō śikṣa kaṇṇā

Faut-il que nous soyons punis pour des erreurs commises par ignorance, Krishna ?

āśikṣa satyattil-itrayum
dussahamāvēṇam-ennuṇḍō kaṇṇā?

Et faut-il que la punition soit aussi douloureuse, Kanna ?

ārūṇd-enikk-ende kaṇṇā?

Qui donc ai-je d'autre, Kanna ?

pala-pala-tettukāl kuttaṅgaḷ ñān
ninnōṭu paraññu

J'avais pour habitude de Te confier mes erreurs et mes problèmes.

pala nāḷum ninmunnil kaṇṇīrozhukki ñān
nilaviḷikkārille kaṇṇā?

Combien de fois ai-je sangloté devant Toi ?

nī sāntvanam coriyāruṇḍallo?

Tu Te montrais alors compatissant, n'est-ce pas ?

niravadhi aparādham ceytālum munpokke
nī porukkārille kaṇṇā?

J'ai eu beau commettre bien des fautes dans le passé, ne m'as-Tu pas toujours pardonné, O Kanna ?

svaramezhum pāṭe pizhaccālum nī mugddha
svaramākkiṭarille kaṇṇā?

Quand ma voix perdait son timbre, ne lui redonnais-Tu pas sa douceur, Kanna ?

nī sāramillennu paraññu

Tu m'as dit que ce n'était pas un problème.

orunōkku kaṇān koticcum kitaccum
ā tirunaṭayil ñān ōṭivannāl

Si je me précipite vers Toi, avec le désir brûlant de Te voir, ne fût-ce qu'une fois,

paribhavam tōnnēṇḍa-yenn-ōrttu
yāt-onnum parayāte ninmunnil ninnāl

En pensant que Tu ne seras pas fâché, et si je reste devant Toi, silencieux,

vāripuṇarān nī arike varille?

Viendras-Tu me prendre dans Tes bras ?

Arṇṇavam pōleyagādham (Malayalam 2015)

ārṇṇavam pōleyagādham, pradīptamām
āmbaram pōle viśālam

Comme la mer insondable et le vaste ciel lumineux,

ammatan snēhahṛdantam ellāyppozhum
pūntennalpōle svatantram

Comme la brise douce et apaisante, le cœur d'Amma, rempli d'amour, est toujours libre.

ninmukhacandran niraññu śobhiccuḷḷa-
mellām minukkitteḷikke

La lumière radieuse qui émane de Ton visage divin a le pouvoir d'effacer toutes les impuretés du cœur humain.

pūnilākkiṇṇam daridramennōrttiṭṭu
viṇṇinde dambham śamichu!

Le ciel nocturne, qui s'enorgueillit de l'éclat de la Lune, doit renoncer à sa vanité devant Ton visage divin, pareil à l'astre rayonnant.

prēmā abhiṣēkattilūṭammayātmāva-
bōdhānkuram

Amma répand à profusion l'amour inconditionnel et s'efforce ainsi d'éveiller dans le cœur humain la conscience du Divin.

taḷirppikke pāpaṅgaḷātti pavitrīkarikkunna
bhāgīrathikkō, vikalpam

Balayant toutes les impuretés du mental, pareille au Gange sacré, Elle nettoie les péchés de ce monde.

ninpērukēḷkkē jayāravam poṅgunni-
tāzhittirāravam pole

Au son de Tes noms divins, des millions de gens se lèvent avec enthousiasme, comme les vagues déferlantes de la mer toujours en mouvement.

nin vāṇikēḷkkē janāvalitiṅgunni-
tāzhittiramāla pole

Les gens accourent pour entendre le nectar de Tes paroles.

sammōhanam, sāmasangīta, mammatan
snēhasallāpaṅgaḷennum

Dans le jardin divin créé par la musique d'Amma, nos cœurs s'épanouissent peu à peu jusqu'à la plénitude.

ullasicculppūv-uṇarnnu saubhāgyamār-
-nnarppitam nin kālkkalennum

Quelle bonne fortune de pouvoir offrir tout notre être à Tes pieds de lotus !

Aśrutīrtthattāl nin (Malayalam)

aśrutīrtthattāl nin tṛkkazhal tazhukām ñān
arppita-hṛdayattil avatarikkū
centārаṭiyūnni, cintāmalaril nī

mandānilan pōle avatarikkū
dēvī dēvī dēvī dēvī
mandasmitānvitam avatarikkū

Je caresserai de mes larmes Tes pieds de lotus. Daigne T'éveiller dans mon cœur qui s'abandonne à Toi. Éveille-Toi avec un sourire, O Dévi !

manassinde ēkānta nikuñjattil tapassinde
kanalūtiyūti ñān kāttirippū
ariya-jñānattinde aruḷābhayāluḷḷam
abhiṣiktamākki nī anugrahikkū
dēvī dēvī dēvī dēvī
amṛtākṣaraṅgaḷāl anugrahikkū

Dans la grotte solitaire de mon cœur, je T'attends, plongé dans les austérités. Daigne m'accorder la connaissance éternelle. O Dévi, daigne me bénir et m'accorder la béatitude éternelle.

kadanaṅgaḷ kaṭalōḷam karinīla nirabhēdam
karadūramini-yetra kātam
karaḷile kaṇṇīrum kadanavum cālicha
kavitayāl kazhaltāru tazhukām
dēvī dēvī dēvī dēvī
kanivōlum mizhiyālonnuzhiyū

Infinies sont les souffrances, les fleurs n'ont pas de couleur, combien de maux dois-je encore endurer ? Je caresserai Tes pieds de mes larmes et de mes chagrins. O Dévi, me caresseras-Tu d'un regard de Ta compassion ?

Āṭalarasē (Tamoul)

āṭalarasē āṭalarasē
āṭumivarai pārumarasē
tattuvankaḷ kēṭṭarintār
tannil atanai uṇarvatenṭrō?

O Seigneur de la Danse ! Vois ces êtres qui dansent dans l'illusion. Ils ont entendu d'innombrables traités philosophiques, mais la conscience de ces vérités, quand s'éveillera-t-elle en eux ?

vīzhntuviṭum uṭalitanai
enatu enṭrē ivarninaippār
kozhuntuviṭum tīyatuvō
tanatu enṭrē tān ninaikkum

Les gens croient que le corps périssable leur appartient. Mais le brasier qui dévore finalement le cadavre pense : « ceci est à moi ».

pirakkayilē ivar azhuvār
irakkayilē pirar azhuvār
pirappumillā irappumillā
tannaiyarintāl evar azhuvār

Les humains pleurent à la naissance, certains pleurent quand ils meurent, mais celui qui connaît le Soi, pourquoi pleurerait-il ?

jñāniyinai yārumpukazhvār
jñāniyāka yārmuyalvār?
jñālamkātta nīlakaṇṭhā
jñānam aruḷ naman talaivā

Tous glorifient les êtres éveillés, mais qui s'efforce d'atteindre l'éveil ? O Seigneur de la mort, accorde-nous la connaissance véritable !

āṭiyapādā aruṇaiyin īsā
pārvatinēsā paramēsā
tēṭiyatiruvē pāṭiyaporuḷē
nāṭiya aruḷē naṭarājā

Tes pieds dansent, Seigneur de la montagne Arunachala, Bien-aimé de Parvati, O suprême Nataraja ! Tu es la richesse que tous recherchent, l'essence de tous les hymnes, la grâce ultime que chacun recherche.

Āṭi bā ō ranga (Kannada)

āṭi bā ō ranga angāla toḷedēnu
gandha sugandha candā

O Ranga, reviens quand Tu auras fini de jouer.

gandha sugandha candanadinda
cinnada pāda toḷedēnu

Je laverai Tes pieds resplendissants avec des onguents parfumés.

gopike sakhiyaru gopa bālakaru
kaṇṇāmuchālē āṭi
kaṇṇāmuchālē āṭi nin ondige
daṇidu malagavarilli

Les gopis et les gopas ont joué à cache-cache avec Toi ; fatigués, ils se reposent ici.

rādheya jotegūdi rāsalīleya āṭi
rājīva nētra nī bāro
rājīva nētra bārayya mane kaṭege
rātri gāḍa vāguva munna

O Enfant aux yeux de lotus, Tu as dansé la rasa lila avec Radha ; rentre maintenant à la maison, avant que la nuit ne soit trop avancée.

mussanje musukide godhūḷi eddide
sandhyā lakṣmi minugavaḷe
sandhyā lakṣmi nakṣatra minugi
ninagāgi dārī beḷagavaḷe

C'est le crépuscule, la poussière du soir se lève, l'étoile du couchant brille à l'horizon et Te montre le chemin.

gogaḷu kādive hālanūṭalu bāla
amma yaśode kādavaḷe
amma yaśodeya ede tumbi bandide
hālanūṭuvaḷu bābārā

Les vaches attendent de Te nourrir de leur lait. Mère Yashoda T'attend, le cœur débordant d'amour, elle désire Te donner du lait.

Āyā he sārā (Hindi 2015)

āyā he sārā jahā yahā
milke ye sārā jahā yahā

Le monde entier est ici réuni, tous sont là.

ek mantr bole, ek svar me bole
jag me ho śānti samādhān

Chantons en chœur ce mantra : Puissent la paix et l'harmonie régner en ce monde.

om lokāḥ samastāḥ sukhino bhavantu
āyā he sārā jahā yahā milke ye sārā jahā yahā

Le monde entier est ici réuni, tous sont là.

ham sabhe īśvar kī santān
ye duniyā ke khelse anjān

Nous sommes tous des enfants de Dieu, ignorant le jeu de la Création.

rāh dikhānā prabhu
sāth hame le ke caltu
mānava dharma sikhānā

O Seigneur, montre-nous le chemin, emmène-nous avec Toi, enseigne-nous le dharma de l'être humain.

om lokāḥ samastāḥ sukhino bhavantu
āyā he sārā jahā yahā milke ye sārā jahā yahā

Le monde entier est ici réuni, tous sont ici

ham sāre mil jul ke rahe
sab kā dard apnā samjhe

Vivons ensemble dans la joie, ressentons la souffrance d'autrui comme la nôtre.

nā koyī dukhse roye
sab cainki nīnd soye
prabhu dedo aisā vardān

Que personne ne pleure de chagrin, que tous dorment en paix, O Seigneur accorde-nous cette faveur.

om lokāḥ samastāḥ sukhino bhavantu
āyā he sārā jahā yahā milke ye sārā jahā yahā

Le monde entier est ici réuni, tous sont ici

niṣkām sevā ham kare
karm yog ke pathpe cale

Suivons la voie du service désintéressé, du karma yoga.

cāhe ham sabkā bhalā jiye to aisā yahām
dharttiko svarg banāde

Tu souhaites le bien de tous. Ta vie fait de cette terre un paradis.

om lokāḥ samastāḥ sukhino bhavantu

Āyī bhavāni tū (Marathi 2015)

āyī bhavāni tū āmuci mātā
kuṭhe śodhū tulā āmhi sāṅg ātā

O Amma, Bhavani, Tu es notre Mère, dis-nous où Te chercher !

jay jay āyī bhavāni jay jay
jay jay āyī śivāni jay jay

Victoire à Amma ! Victoire à Bhavani !
Jai Jai Amma- Bhavani jai jai
Jai Jai Amma- Shivani jai jai

jaḷī sthaḷī nabhī an pāṣāṇi
tuc naṭali ga vividha rūpāni

Tu Te caches dans tout l'univers sous la forme de l'eau, de l'air, du ciel, des montagnes, sous tous ces déguisements, Tu demeures dans l'univers.

pari kase śodhū māuli
māyecā āvaraṇi āyī tū lapali

Puisque Tu te caches sous le voile de *maya*, comment Te chercherai-je ?

māyāvi sansāri āmhās bhulavi
jāḷe nijamāyece ase ṭākuni

Tu nous as plongés dans ce monde illusoire en lançant sur nous le filet de l'illusion.

sukhalipt jhāli ga naśvara kāyā
durlabh naratanu cālali vāyā

Notre corps mortel est attaché aux plaisirs de ce monde et c'est ainsi que nous gâchons la chance rare que nous offre cette incarnation humaine.

Vishaya vihacha nivaruni kata
davī amha navadh bhaktichya vata

Détrône les plaisirs sensuels, ces poisons, et enseigne-nous les neuf voies de la dévotion.

Charni visava deī ga satvar
par kar majha ha bhavasagar

Daigne m'accorder dès que possible le repos à Tes pieds. Fais-moi traverser l'océan du samsara.

Azhaku Azhaku (Tamoul 2015)

ammā un paṭaippellām orānanda naṭanam

O Amma, Ta création est une danse pleine de béatitude.

aṇumutal kāṇpatellām unnōṭu pāṭukiratu

Tout ce qui est visible, et jusqu'aux minuscules atomes, tout chante avec Toi.

tāḷamiṭṭu āṭukiratu unnai
ānandattōṭu vazhipaṭukiratu

Dansant à pas rythmés, ils Te vénèrent dans la béatitude.

azhum kural kēṭṭu jñāna pālūṭṭiya tāyē

Entendant pleurer un enfant, Tu l'as nourri du lait de la sagesse.

ānandattil-āzhttiṭa bhuvanattil
naṭanamāṭi vantarūḷvāy

Daigne venir dans ce monde en dansant, pour nous plonger dans cette Béatitude.

azhaku azhaku azhaku azhaku
ammā untan naṭanamazhaku

Splendide est Ta danse, et le monde dans lequel Tu danses est lui aussi splendide.

azhaku azhaku azhaku azhaku
dēviyāṭum bhuvanamazhaku

Splendide est Ta danse, et le monde dans lequel Tu danses est lui aussi splendide.

naṭanamāṭum naṭanamāṭum kaṇkaḷ mūṭi
naṭanamāṭum
ennammā enkaḷ ponnammā

O Amma qui danse les yeux clos, Tu es notre Amma chérie.

pāṭal pāṭi por kaimaṇiyāl tāḷamiṭṭu
paravasamāy parantāṭum paṭṭāmpūccipōl
ennammā

O Amma, Tu danses en extase comme un papillon, en chantant au rythme des petites cymbales dorées.

dēviyavaḷ nāmam solla
dēva dundubhikaḷ muzhanka

En chantant le nom de Dévi, les êtres célestes (*devas*) s'accompagnent sur des instruments divins.

mātā rāṇī ku - jay
mahārāṇī ku - jay
mahādēvī ku - jay
mahā lakṣmī ku - jay

Gloire à la Mère de l'univers ! Gloire à l'Impératrice de l'univers ! Gloire à la grande déesse ! Gloire à la grande déesse Lakshmi !

mātā rāṇī ku - jay
mahārāṇī ku - jay
mahādēvī ku - jay
mahā lakṣmī ku - jay
āyiram nāmam koṇḍu pūmāri tūviṭuvōm

Nous T'adorons en récitant Tes mille noms et en offrant des pétales de fleurs.

kōlāṭṭam karakāṭṭam kōṭi makkaḷ āṭiṭuvōm

Des millions de personnes dansent les danses traditionnelles Kollaattam et Karagaattam

āyiram kaṇṇuṭayavalē ankāḷa māriyamma

O Angala Mariyamma, Tu as des milliers d'yeux.

ammā mahāmāyiyavaḷ anpumazhai pezhintiṭuvāḷ

Répands la pluie de l'amour, O Mahamayi.

jīvanellām śivanilaṭanka
śivakāmi nī āṭumāṭṭam

Bien-Aimée de Shiva, par Ta danse, toutes les âmes se fondent en Shiva.

anpu koṇḍu azhaittiṭṭāy
anaivaraiyum un āṭalukkuḷ

Avec amour, Tu attires tous les êtres par Ta danse.

kalipuruṣan āṭṭattai kāḷi nī oṭukkiṭamma

O Kali, nous T'en prions, daigne faire cesser la danse de l'âge noir du matérialisme

kallyāṇa guṇankalē nī kallyāṇī vaḷarttiṭamma

O Kalyani, daigne faire fleurir les qualités bonnes et propices.

Balē ambikē (Tulu)

balē ambikē jñāna dēviye
balē ambikē appē lakṣmiyē
dēvī balē balē appē pārvati
jayatu ambikē jayatu tāyē
jayatu jayatu jayatu jayatu jaganmayi

Viens, Mère, Déesse de la sagesse. Viens, Mère Lakshmi ! Viens, O Mère Parvati ! Gloire à Toi, Mère du monde !

balē ambikē jagakku boḷpādu
balē ambikē manakku boḷpādu
ētu vismayō īrēna mahimē
irana prēma jyōtiyē bālugu boḷpu

Viens, Mère, et illumine le monde. Viens, Mère et illumine le cœur et l'esprit. Ta grandeur est une merveille ! La lumière de Ton amour est la lumière de notre vie.

balē ambikē korlē santōṣā
balē ambikē korlē sāntvana
balē appē tojālē daivī śaktinu
appē prēmōḍē ī jōklēnu kāpūlē

Viens, Mère, et donne-nous la joie. Viens et apporte-nous le réconfort ! Viens, révèle Ton pouvoir divin. O Mère, protège ces enfants de Ton amour !

jayatu jayatu jayatu jayatu jaganmayi

Bandhamu nīttō (Telugu)

bandhamu nīttō ērppaṭanī - bhava
bandhamu lēvō viṭipōnnī
spandana edallō mōdalavanī
sāndrappuṭṭalalā muñcēttanī

Que mon seul lien soit avec Toi, que toutes les chaînes tombent. Que la quête de Dieu débute dans mon cœur et me submerge de son flot.

dentamunīkkayyī parugiṭanī
sarvamunīvani sthirapaṭanī
cīkaṭi tṛṭṭīlō cittavanī
cittappa vṛttalu layamavanī

Que mon cœur et mon esprit courent après Toi ; qu'il soit clair à mes yeux que Tu es tout. Que les ténèbres s'envolent en une fraction de seconde. Que mes désirs cessent d'exister.

satyappu kāntulu aguppaṭanī
nityānandamu nilappaṭanī
ammala gannā ammava nī
biṭaggā nī oṭi cērcamanī

Que les rais de la vérité apparaissent, que la béatitude éternelle règne, Mère des mères, prends-moi sur Tes genoux comme Ton enfant.

ammā jagadambā nannu kāvaga rāvammā
ammā jagadambā nā śaraṇamē nīvammā

Mère, Mère de l'univers, viens me protéger ! Mère, Mère de l'univers, Tu es mon seul refuge.

Barutihaḷu (Kannada)

barutihaḷu barutihaḷu tāyē kāḷī
viśva janani tāyē viśva mātē

Voici qu'approche Mère Kali, la Mère de l'univers !

puṭṭa hejjeyaniṭṭu paṭṭu sīreyanuṭṭu
barutihaḷu barutihaḷu tāyē kāḷī
kembu kunkuma biṭṭu cinna ḍōḍyāna toṭṭu
barutihaḷu barutihaḷu tāyē kāḷī

Voici qu'approche Mère Kali à la démarche gracieuse ; Elle porte un sari en soie, une marque de safran rouge sur le front et une ceinture en or.

ruṇḍa māleya dharasi caṇḍamuṇḍa samharisi
barutihaḷu barutihaḷu tāyē kāḷī
jagavanne manemāḍi manavanne guḍimāḍi
barutihaḷu barutihaḷu tāyē kāḷī

Voici qu'approche Mère Kali ; elle porte une guirlande de crânes, elle a anéanti les démons Chanda et Munda. Elle approche, Elle a fait de l'univers entier sa demeure, et du cœur et de l'esprit, Elle a fait son sanctuaire.

Beḷḷi beṭṭadoḍeya shivanu (Kannada 2015)

beḷḷi beṭṭadoḍeya shivanu
kubēranā geḷeyanivanu

O Shiva, Seigneur des montagnes argentées par la neige, ami de Koubéra,

himavantana aḷiyanivanu
bhaktajanara hridayanivanu

Gendre du Roi de l'Himalaya, Toi le cœur des dévots.

sutagaṇapati skanda sahita
nandīshwara gaṇa sēvita

Tes fils Ganapati et Skanda sont Tes compagnons, Nandishwara et d'autres ganas sont Tes serviteurs.

bhuvanakkella oḍeyanīta
maruḷanante tōruvāta

Le Seigneur des mondes fait semblant d'être une créature ordinaire.

bhaktarā jīvanivanu
sharaṇajanara prāṇanivanu

Il est l'âme des dévots, la vie des saints.

yōgijanara dhyēyanivanu
prēmavāgi baruvanivanu

C'est sur Lui que méditent les yogis ; Il vient sous la forme de l'Amour.

yatiyu mēṇ brahmachāri
sādhu matte samsāri

C'est un sage et un brahmachari, un saint et un chef de famille.

pārvati pati jagadādhāri
charācharātma vihārī

Epoux de Parvati, Sauveur du monde, Soi de toutes les créatures, animées et inanimées,

om namah shivaya

Salutations au Seigneur Shiva

Beyond the most beautiful words

(Anglais)

Beyond the most beautiful words in the world,
above the most glorious hymns ever heard
too wonderful to be expressed with fine art,
is our Devi Dayambike, queen of my heart

Elle transcende les plus belles paroles, les hymnes les plus glorieux jamais entendus, Elle est trop merveilleuse pour que les arts l'expriment, Dévi, Dayambike, Reine de mon cœur.

A writer whose mind is as clear as the heavens
can easily find the right words for a scene
words that will fail, time and again,
to tell of the wonder I feel
when her silence and peace is revealed

Un poète à l'esprit clair comme les cieux trouve aisément les mots justes pour décrire un paysage ; mais comment exprimer mon émerveillement quand se révèlent Son silence et Sa paix ? Les mots échouent alors invariablement.

A painter beholds endless colors in a rainbow,
and easily finds the right yellow for the sun
paintings will fail, time and again,
to convey the beauty I see
in her face that is formless and free

L'artiste contemple une palette infinie de couleurs dans un arc-en-ciel, il trouve facilement le jaune adéquat pour peindre le soleil ; mais comment peindre la beauté que je vois dans Son visage sans forme et libre ? Un portrait échoue invariablement.

A singer who holds all the knowledge of the ragas
can easily choose the right one for the dawn
melodies fail, time and again,
to reach the most beautiful key
one she holds for a door within me

Un chanteur qui maîtrise tous les ragas (gammes indiennes) peut aisément choisir celle qui convient au moment de l'aube ; mais les mélodies échouent quand il s'agit de trouver la plus belle tonalité (clé), celle qu'Elle détient et qui ouvre en moi une porte.

Bhaktigē sōpāna (Kannada 2015)

bhaktigē sōpāna harināmavu
nija muktigē sādhana harināmavu

Le nom de Hari est un tremplin vers la dévotion. Sa répétition est une pratique spirituelle qui mène à la libération éternelle.

ānanda koḍuvanta śubhanāmavu

Ce nom propice apporte la béatitude.

nintalle endare ānandavu - hari
nintalle endare kaivalyavu

Réciter le nom de Hari en étant debout apporte la béatitude et la libération.

ānanda koḍuvanta śubhanāmavu

Ce nom propice apporte la béatitude.

kuntalle endare santōṣavu - hari
kuntalle endare akṣayavu

Réciter le nom de Hari en étant assis apporte la joie et l'abondance.

ānanda koḍuvanta śubhanāmavu

Ce nom propice apporte la béatitude.

hariyanu bhajisalu anavaratavu
śāśvata sukhavu khaṇḍitavu

Chanter sans cesse le nom de Hari garantit la joie éternelle.

ānanda koḍuvanta śubhanāmavu

Ce nom propice apporte la béatitude.

hari hari hari hari gōvindā
jaya hari jaya hari nārāyaṇā

Gloire à Hari, à Govinda (le Protecteur des vaches) et à Narayana (l'Omniprésent)

hari nārāyaṇā gōvindā
jaya nārāyaṇā gōvindā

Gloire à Hari, à Govinda (le Protecteur des vaches) et à Narayana (l'Omniprésent)

Birha ki in (Hindi 2015)

birhā ki in havāvom me
terā khoyā lāl pukāre

L'atmosphère est lourde du sentiment de la séparation ; Ton enfant, perdu depuis longtemps, T'appelle !

ungili thāmlecal ab janani
jag kī bāzī me ham hāre

O Mère ! Prends-moi enfin par la main et guide-moi ; je suis complètement épuisé dans ce jeu, que l'on appelle « le monde ! »

mā kā ācal thām liyā hai
riśte nātom ko ṭukrāyā

Maintenant que je tiens le sari de ma Mère, j'ai abandonné toutes les autres relations.

saccā ēk sahārā pākar
jag mithyā hai samajh me āyā - samajh me āyā

Ayant trouvé un soutien ferme et réel, j'ai compris à quel point ce monde était creux !

pichle karm māne jalāye
ab duṣkarm na hone pāye

Mère a brûlé tout mon karma passé, je veux désormais être vigilant et ne pas me créer d'autre mauvais karma.

sevā bhakti prem kā var le
jīvan apnā dhanya banāye - dhanya banāye

Recherchons la bénédiction du service, de la dévotion et de l'amour ; ainsi notre vie sera bénie à jamais !

durge durgatihāriṇi mātā
sāsom kā har tār pukāre

O Mère Dourga, Tu balayes la souffrance et la douleur. A chaque souffle, je T'appelle :

ghar vāpas ab lecal janani
terā khoyā lāl pukāre - lāl pukāre

« Cela suffit maintenant ! Ramène-moi à la maison, Mère ! Ton enfant, perdu depuis longtemps, T'appelle en pleurant ! »

Callaga cūḍu (Telugu 2015)

callaga cūḍu nī pillalamu
nīvu tappa dikkevaru māku

Protège-nous, nous sommes Tes enfants, nous n'avons pas d'autre refuge que Toi.

cintalu tīrci centaku cērcu cittamulo nī
cintane nimpu

Délivre-nous de toutes nos peurs et rapproche-nous de Toi. Remplis notre cœur de Toi seule.

nī dayalēka dorakadu mārgam
nī dīvena tō kalugunu mōkṣam

Seule Ta compassion peut nous guider sur la voie de la libération. Seule Ta bénédiction peut nous permettre d'atteindre l'éveil.

nī caraṇamulē śaraṇamu māku
nī sannidhiyē pennidhi māku

Tes pieds sont notre seul refuge, Ta Présence notre seule richesse.

devi bhavānī sakalavēdarūpiṇī
devi śivānī dēvalōkapālinī

O Déesse Bhavani, Incarnation de tous les Védas, O Déesse Shivani, Protectrice du monde des êtres célestes.

Dēvā tujhī (Marathi 2015)

dēvā tujhī māyā aśī kaśī
bhōgtō āmhī dukh rāśī

Comment comprendre Ta maya ? Le chagrin nous plonge dans la détresse.

ōjhē vāhto āmhī dinarāt
kāmanānchē janjāl manāt

Jour et nuit, je porte ce fardeau ; mon mental est pris dans un filet de désirs.

divyatwācē bhāna visaralō
ajñāna timirāt rē phaslō

Au milieu de ces ténèbres, j'oublie le Divin.

asūni antarī prēmaraśī
bhōgtō āmhī dukh rāśī

Nous sommes des incarnations de l'Amour pur, et pourtant nous souffrons.

śaran ālō tav caraṇī
nivāri ātā hī dukhrāśī

Je m'abandonne à Tes pieds de lotus. Daigne balayer nos souffrances.

mōh jaḍlā ksaṇik sukhācā
jap kēlā sadā mī mī paṇācā

L'illusion nous pousse à rechercher des plaisirs éphémères. Notre mantra est « moi », « moi ».

ahankāra sadā āmhī pōslō
bhāv bhaktīcā kadhī na kalala

Incapables de comprendre l'état divin de dévotion, nous nourrissons l'ego.

visrōnī nij svarūpāsī
bhōgtō āmhī dukh rāśī

Nous oublions notre vrai Soi et la douleur nous accable.

dēvā āmhī tujhī lēkarē
mātā pitā guru tuc sārē

Nous sommes les enfants d'Amma, Tu es notre Père, notre Mère et notre Guru

bhulalō āmhī yā jagati
sagē sōyarē jamavilī nātī

Et pourtant le monde nous a plongés dans l'illusion et nous créons de nouvelles chaînes.

asunī tu hṛdayākāśī
bhōgtō āmhī dukh rāśī

O Seigneur, Tu demeures dans notre cœur et cependant, une montagne de souffrances nous accable.

Dēvi dayākari (Kannada 2015)

dēvi dayākari tāyē
paripālaki pūraṇi mate

Déesse pleine de compassion, Mère, Tu nous protèges et exauces nos désirs !

tūṣṭiyu nīnē puṣṭiyu nīnē
annapūrṇēśvari tāyē

Tu nous donnes nourriture et soutien ! O Mère et déesse, Anapurneshvari

jalanidhi battide bhavāgni suṭutide
bēgeyā tāḷevu tāyē

L'eau, ce trésor, s'est évaporée et nous sommes cernés par le feu des émotions. Cette chaleur est intolérable, O Mère !

hasiranu uḷisu usiranu uḷisu
karuṇeya tanbanu nīṭe

Sauve le règne végétal, protège notre air et notre souffle ! Dans Ta compassion, accorde-nous soulagement et apaisement.

anāvṛṣṭi undeṭe ativṛṣṭi bēreṭe
ellellu hāhākārā

Ici c'est la famine, ailleurs ce sont les inondations, partout règne la panique !

a nīṭe sāntvana nīṭe bāramma bēgane tāyē

Accorde-nous soutien et réconfort ! Viens vite, Mère !

durāse biṭiri atyāse tyajisi
prakṛtige vandisi makkaḷe

Renoncez à l'avidité et aux désirs futiles. Enfants, vénérez et protégez la Nature.

prēmati porēvaḷu
prakṛtiyu nammanu prakṛtiye pratyakṣa daiva

La Nature nous protège avec amour. La nature est la forme visible de Dieu.

Devī mahādevī (Hindi)

devī mahādevī
kāḷī mahākāḷi

O Dévi, suprême Déesse, O Kali, grande Kali.

śyāme nāthe māye vānī gaurī lakṣmī
bāle līle durge śaktī devī kāḷī

O Déesse au teint sombre, Impératrice, grande illusion, Déesse de la parole, Déesse propice, Déesse qui donne la vraie richesse, Ta jeunesse est éternelle et Tu aimes jouer, Mère Dourga, Énergie suprême, Mère Kali.

vedye vidye hṛdye
dhanye ramye punye
satye śantye vandye
saumye rudre bhadre

Tu es l'Incarnation des Védas et de la connaissance suprême, Tu es bénie, Tu es belle, Tu es la personnification du mérite. Tu es la Vérité et la Paix, tous Te vénèrent. Tu peux Te montrer tendre ou féroce, O Toi qui excelles !

devī tu mahākāli sāvale rang vāli tu sab kī mā
pyārī mayyā tu māyā mē chip khelne vālī mōhinī
śāradā kamalālayā durgā pārvatī sab tuhī he
tere dās brahmā-hari-śiv dev dānav sāre jīv

O Dévi, grande Kali au teint sombre, Mère de tous ! Mère chérie, Tu es l'enchanteresse qui se cache derrière le voile de maya et qui joue avec nous. Dourga, Parvati et Sarasvati assise dans un lotus, toutes ces déesses ne sont autres que Toi. Brahma, Vishnou, Shiva, la foule des dieux et des êtres vivants, tous sont Tes serviteurs.

mayyā tu līlāmayī sārā viśv terī līlā jananī
tū sarvaloka rānī carācar tere me janm lete
tū pālan poṣan kartī duniyā kā nāś bhī tūhī kartī
kāl bhī terā svarūp sabhī-me-tū bastī he mātārānī

O Mère, Tu crées toutes ces lilas, cet univers entier n'est autre que Ton jeu. O Reine de tous les mondes, tout est issu de Toi, Tu nourris le monde et Tu es aussi la cause de sa destruction. Le temps même n'est qu'une de Tes formes. Tu demeures en tout, O Mère, O Reine !

Devī trikālī (Hindi 2015)

devī triloki men vyāp rahī tū
khel anokhā rūp anek
tū dhar mohan rūp sabhī par
barsātī hai kṛpā aur neh

Dévi, Tu es présente dans les trois mondes. Toutes ces formes ne sont que Ton jeu, étrange en vérité. Tu as pris une forme charmante pour répandre sur tous Ta bénédiction et Ton amour.

devī pyārī jananī main
terā śaraṇārtthī - mujhe
denā tū sahārā
sab pīḍā har lenā

O chère Déesse éternelle, chère Mère Dévi, j'ai pris refuge à Tes pieds ; daigne m'accorder Ton soutien et effacer tous mes chagrins.

vaiṣṇavī devī ghaṭ ghaṭ vāsī
kānti bharī hai sūrat terī
ye duniyā hai tujhse hī rośan
ghaṭ-ghaṭ main tum jyoti jagānā

O Vaishnavi Dévi, Tu es présente en chaque forme. Ton visage rayonne de beauté et de lumière. Toi qui illumines ce monde, daigne éclairer chaque forme de l'intérieur, par Ta lumière.

tū santoṣī kṣīr bhavānī
vidhyānivāsini śailanandini
tū kharvāhini śītalā dēvi
tan man śītal karnī jananī

O Santoshi, Mère du contentement, Bhavani, Tu es la Demeure de la Connaissance, Tu te réjouis sur la montagne. Mère Sitala Dévi, Tu rafraîchis le corps et l'esprit des affligés.

jal thal agan samīr kāriṇī
gagan sarīkhī sirmal rūpiṇī
nirakh mane tū niraj locanī
nit nav mangal modavarṣiṇi

Tu es la cause de l'eau, de la terre, du feu et de l'espace. Ta forme est douce et vaste comme le ciel. O Mère aux yeux brillants comme le Soleil, Tu répands la béatitude de la félicité éternelle.

Dil me terī (Hindi 2015)

dil me terī ās hai
darśan kī pyās hai
taras rahā hai yē man

Mon cœur n'a qu'un seul désir : obtenir Ton darshan.

āj bhakto ke sang khel
holī kā rang
sārī duniyā ko apne hi
rang me rangālo mā

Viens jouer à Holi avec Tes dévots, je T'en prie, et colorer le monde entier de Tes divines couleurs.

jagadiśvari! prema ke
rang me rali

O Déesse de l'univers, Tu Te délectes des couleurs de l'amour.

meri sun le araj banke mamtā baras
tere dāman me mujhko samāle

Écoute ma prière, je T'en prie, et répands sur moi Ta compassion. Attache-moi au bout de Ton sari.

sāre jagse judā dekhū tujh me khudā
pyār bhakton kā tujhko bulāye

Je vois le Divin en Toi mais je ne le perçois pas en ce monde. L'amour des dévots T'appelle.

ye jīvan ḍagar hai muśkil magar
tere hātho ne hamko sambhāle

Le chemin de la vie est extrêmement difficile, mais Tes mains me protègent.

cāhe tujhse dulār āye bande hazār
tere āhaṭ ke vyākul hai sāre

Des milliers de personnes désirent intensément Ton amour. Toutes souhaitent ardemment entendre Ta voix.

Durge durgati harane (Hindi)

durge durgati harane dinodharane
devi dayāmayi jananī
lalite līlā lole māte
manme basnevālī

O Déesse Dourga, Tu mets fin au malheur, Tu élèves les malheureux, Dévi ! Mère compatissante, Déesse Lalita, Ton jeu divin Te ravit ! O Mère, Tu résides dans le temple de l'esprit !

bhuvan racānevālī sāre
bhuvan me rahnevālī
duḥkh daridra miṭānevālī
dīna janāvani jananī

O Créatrice du monde ! Tu imprègnes l'univers entier ! Tu es la Mère qui soulage les chagrins, qui met fin à la pauvreté et qui se soucie des malheureux.

śakti traya mūrte bhakta priya citte
tū he varalakṣmi nit terī jai gāve ham
terī duniyā me tūhī he sab me basī

Tu es l'Incarnation de shakti (l'énergie), la conscience vénérée par les dévots. Tu es la Déesse Lakshmi qui accorde des faveurs. Nous chantons sans cesse Ta gloire ! Toi seule existe dans Ta création.

jai mā jai jai mā jai mā mā jai jai mā

Gloire à la Mère divine !

satyavrata vandye mukti prada haste
kīje karuṇā tū vinatīye sunle mayyā
mere dil me tū āve he devī mayyā

O Mère, adorée par le sage Satyavrata, Tu accordes la Libération ; daigne faire preuve de compassion. Entends ma prière et viens dans mon cœur, O Mère divine !

sāre jag ko tū var dettī mā
sohe tavamūrttī hṛdayo me sab ke sadā
nāce sab me tū śubhjyoti jagajāye mā

Puisse Ton image demeurer à jamais dans tous les cœurs ! Tu danses dans toute la création. O Mère, puisse l'aube de la lumière divine se lever en nous !

Ēkantatayuṭe āzham (Malayalam)

ēkantatayuṭe āzham tōrum
vēdana ninnu miṭippū
nīla kaṭalinuḷḷil tēṅgum
pōya yugaṅgaḷ pōle
pōya yugaṅgaḷ pōle

Dans la profondeur de ma solitude, la douleur palpite sans cesse. Ainsi, dans l'azur des profondeurs marines, se lamentent les âges révolus.

vannīṭaṇam hṛttil vanniṭaṇammē
ammē ammē atmarūpiṇi

Daigne venir dans mon cœur, O Amma ! Viens !
Amma, Amma, Tu es mon Soi (âme) !

ēkāntatayuṭe gaganapathattil
tārakaḷ ninnu tuṭippū
nī pāṭumbōḷ kūṭe mūḷum
māmaka hṛdayam pōle
māmaka hṛdayam pōle

Comme les étoiles scintillent à l'infini dans la solitude du ciel, mon cœur fredonne avec Toi quand Tu chantes !

ēkāntatayuṭe pātayilellām
ninde mukham kāṇunnu
ārō kaṇṇukaḷ tēki nanakkum
pūjā puṣpam pōle
pūjā puṣpam pōle

Sur tous les chemins de la solitude, je vois Ton visage, comme une fleur arrosée de larmes, comme une fleur destinée à la puja (adoration) !

Ēlappulayēlō (Malayalam)

ēlappulayēlō ēlappulayēlō
ēlappulayēlō ēlappulayēlō
kalluṇḍē muḷḷuṇḍē karimalayēṛi varunnuṇḍē
kāṭallē mēṭallē kālitu tellumariññillē

Nous n'avons pas eu mal aux jambes en grimpant, en traversant la forêt pleine de pierres et d'épines qui recouvre la colline.

pon mala mēṭu kaṭannu patineṭṭu paṭi kaṭannu
ayyappa svāmiye kāṇān kāttin kāṛ ēraṇa pōle

Pour aller voir le Seigneur Ayyapa, nous avons franchi la montagne sacrée, nous avons monté les dix-huit marches ; nous avions la sensation d'être un nuage dans le vent !

uḷḷāle onnāke ottu śaraṇam viḷichāṭṭē
kayyāle meyyāle ellām marannu viḷichāṭṭē

Chantons « Ayyappa sharanam » avec une dévotion totale ! Chantons « Ayyappa sharanam »,oublions le corps et le mental !

pēṭṭayil cuvaṭu vechu tāḷattil meyyuzhiññē
āṛkkaṇa āṛppu kaṇḍā āzhittira ēraṇa pōle

Le spectacle des dévots qui exécutent en rythme la danse *petta* évoque les vagues de l'océan.

kai tozhutu munnil ninnāl antimegha cintu pōle
ney viḷakkin nērariññāl neñcilennum dīpa śōbha

Debout devant le Seigneur, le cœur rempli de dévotion, je me sens comme un nuage dans le ciel vespéral. La lampe de l'arati illumine mon cœur d'une lumière divine.

uḷḷariññu kaṇṇaṭachāl svāmi pādamuḷḷuṇarum
uḷḷunontu nām viḷichāl ayyanuḷḷilōṭiyettum

Les yeux clos, je vois clairement les pieds du Seigneur dans mon cœur. Si vous appelez le Seigneur avec dévotion, Il viendra, c'est certain.

kāladōṣa kanmaṣangaḷ nīkki-yennum kāttiṭunnē
pambāvāsā ninde nāmam pārinennum
puṇyapūram

O Seigneur, ôte les obstacles qui me barrent la route et protège-moi, Seigneur de la rivière Pampa, Ton nom est une bénédiction pour le monde.

Ēlō ēlō (Malayalam 2015)

ēlō ēlō ēlēlō
ēlō ēlēlō ē lēlō
ādiyum antavum ētumezhāttoru
ādi parāpara gaṇapatiyē

Tu transcendes le début et la fin, Tu es le Suprême, O Ganapati.

nādam gītam rāgarasāmṛtam
gānam aruḷuka ivanini nī

Accorde-moi je T'en prie le nectar de la musique.

buddhiyum śaktiyum ottizha cērnnoru
śakti ivanini nīyaruḷū

Daigne me bénir en m'accordant à la fois l'intellect et l'énergie.

śankara nandana akṣara hṛdayā
jnānamēkuka ivanini nī

O Fils de Shiva, cœur immortel, donne-moi la connaissance !

vāraṇa vadanā vārija nayanā
nīyē varaṇam tuṇayatināy

O Toi au visage d'éléphant et aux yeux de lotus, je T'en prie, Tu es mon seul refuge.

kadanam kadaḷikkulayāyaṭiyan
vayppūyiviṭe aṭimalaril

Je prends refuge à Tes pieds, daigne me libérer de mes souffrances.

avilum malarum śarkkarayum itu
vaypū hṛdayam nākkilayāy

Nous T'offrons de tout notre cœur des flocons de riz et du sucre de palme.

manassō uṭayum kēramatallē
nilpū munnil guṇanidhiyē

Toi qui possèdes toutes les qualités favorables.

śankaranumayum arumukhanum nin
tiruvuṭalanpilaṇaykkunnē

Shiva et Parvati T'embrassent avec affection.

dēvanmārum munijanavum nin
tiruvuṭaluḷḷilaṇaykkunnē

Les dieux et les sages demeurent dans Ton Soi.

Enakkuḷḷē (Tamoul)

enakkuḷḷē nīyum unakkuḷḷē nānum
irukkinṭra pōdu īṭar enbatētu
kaṇakkillai ammā piṇakkillai ammā
kanivilum kanivē nī kāṇbadu niraivē

O Amma, puisque Tu es en moi et que je suis en Toi, comment la souffrance est-elle possible ? O Amma, infini est Ton amour ; Tu ignores le sentiment d'inimitié car Tu perçois en tout la plénitude divine, O Mère miséricordieuse !

kaṇmūṭi unnai kāṇbadu dhyānam
kaṇtirandetilum kānbaduvum dhyānam
annilaiyil dhyānam seydiṭa munaindēn
ammā unaittānē anaittilum ninaindēn

Lorsque je visualise Ta forme les yeux fermés, je médite. Je médite aussi quand, les yeux ouverts, je Te vois partout. Je me suis efforcé de méditer ainsi, et partout où mes yeux se posaient, je ne voyais plus que Toi.

kaipiṭittu ennai kāl naṭatti senṭrāy
kāl naṭandu vandēn kaiyaṇaittukkoṇḍāy
un aruḷāltān nān unniṭattil vandēn
enseyalāl ēdum āvatinkuṇḍō

Tu m'as pris par la main et m'as guidé à chaque pas. Lorsque je trébuchais, Tu me rattrapais et m'évitais la chute. Si je suis venu à Toi, c'est uniquement par Ta grâce. Par mes seuls efforts, que pourrais-je réussir ?

Ennadu yāvudammā (Kannada)

ennadu yāvudammā - tāyē
anyaradyāvudammā ?
ellā saubhāgyavu ninadāgiralāgi -
ennadu yāvudammā tāyē ?

Qu'est-ce qui m'appartient, O ma Mère ? Qu'est-ce qui appartient à autrui ? Quand Toi seule détiens tout ce qui est bon, qu'est-ce qui pourrait bien m'appartenir, O Mère ?

aihika sukhabhōga bēḍuve nādare
aitindriyavū ninninda vimukha
aihika sukhabhōga iruvalli nī nilla
endu nā aritu ēnanu bēḍali ?

Si je prie pour obtenir les plaisirs du monde, mes cinq sens se détourneront de Toi. Là où règnent les plaisirs de ce monde, Tu es absente. Ayant compris cela, quelle faveur vais-je mendier de Toi ?

ommana bēḍuve ondē mana bēḍuve
ondare kṣaṇavū agaladiru
ondē manadali ninnanu dhyānisi
ondāgi hōguve ninnalli jagadamba

Je T'implore de m'accorder une concentration absolue. Ne m'abandonne pas une seconde. Accorde-moi de méditer sur Toi avec une concentration parfaite, Mère. Accorde-moi l'union avec Toi, O Mère du monde !

Ennō Ennō (Telugu 2015)

sarva-svarūpē sarvēśē
sarva-śakti samanvitē
bhayēbhyastrāhi nō dēvi
durgē dēvi namōstutē

Tu existes sous toutes les formes, Tu possèdes tous les pouvoirs, O Déesse, daigne nous protéger de toutes les peurs, nous Te saluons, O Déesse Dourga.

ennō ennō ennō rūpālu
upādulanni nīvēle nīvēle

Il existe des myriades de formes ! En vérité, Tu es toutes ces formes.

ennō dehālani meghālu - avi
kadile cidākāśam nīvēle

Combien de corps passent comme des nuages dans le ciel de la conscience !

ennō bhāva-tarangālu - avi
pongē mano kaḍali nīvēle
ammā nīvēle antā nīvēle

Combien de vibrations émotionnelles se lèvent comme des vagues dans l'océan du mental ! O Mère, Tu es cela ! Tu es cela !

ennō jīvita-dṛśyālu - avi
kanabaḍe darpaṇam nīvēle –
visva-mantā unnadi nīvēle

Combien de scènes de la vie sont reflétées dans le miroir que Tu es ! Tu pénètres l'univers entier !

nīvu nīvēle nēnikā lēdūle
ammā nīvēle anta nīvēle

Moi aussi, je suis Toi, et donc « je » n'existe pas. O Mère, Tu es cela ! Tu es cela !

ammā nīvēle antā nīvēle
ambā nīvēle jagadambā nīvēle

O Mère, Tu es Cela ! Tu es cela !
O Mère de l'univers, Tu es tout !

En piravi muṭindiṭumō (Tamoul)

en piravi muṭindiṭumō ammā - unai ariyāmal
en jīvan pirindiṭumō - un anbai parugāmal
gangaiyin karaiyinilē dāhattil tavippaduvō
karppaka nizhalinilē śōkattil tuṭippaduvō

O Mère, ma vie va-t-elle s'achever sans que je Te connaisse ? Mon âme partira-t-elle sans avoir bu le nectar de Ton amour ? Est-il juste que je souffre de la soif sur les rives du Gange ? Est-il juste de s'affliger à l'ombre du kalpaka (l'arbre qui exauce tous les désirs) ?

poyyuruvai meyyuruvāy ittanai nāḷ eṇṇi vandēn
meyyuravāy nī vandum mēnmayinai nānariyēn
unniraṇḍu tāḷkaḷaiyē tañcamena koḷkkinṭrēn
enniraṇḍu kaipiṭittu un vazhiyil naṭattiṭammā
un vazhiyil naṭattiṭammā

Pendant tout ce temps, j'ai cru à la réalité de relations illusoires. Tu es venue, Toi notre seule vraie parente, et pourtant je n'ai pas compris Ta gloire. Je prends refuge à Tes pieds. O Mère, prends-moi par la main pour que je marche sur Ta voie.

nāṭkaḷum ōṭiṭudē āṇḍukaḷum maraindiṭudē
nānirukkum nilaiyeṇṇi nāḍiyellām taḷarndiṭutē
ettanai pirappeṭuttu iḷaittappin unai kaṇḍēn
ippirappum tappiviṭṭāl eppirappil śaraṇaṭaivēn
eppirappil śaraṇaṭaivēn

Passent, les jours, passent les années ; mon corps et mon mental sont las de contempler mon état. Je T'ai rencontrée après bien des vies difficiles. Si cette vie aussi s'avère vaine, quand prendrai-je refuge en Toi ? Je dois le faire maintenant.

Ettanai Vēdanai (Tamoul 2015)

ettanai vēdanai unakku nān tantālum
ittanai karuṇayō unakku enmēl
vaḷayā neñcattil

Bien que je T'aie causé beaucoup de peine, Tu as tant de compassion pour moi.

ahankāram sumantēn kaṇḍu en ammakku
vēdanayō - vēdanayō

Mon cœur, dans sa faiblesse, n'était attaché qu'à mon ego. Quand Tu as observé cela, Tu en as eu beaucoup de chagrin.

iṭayūru kaṇḍu varunneccarittu
tirukkaikaḷ iruka kōrttennai piṭittu

Tu m'as mis en garde contre les obstacles, et Tu m'as tenu fermement dans Tes bras divins.

kāttiṭum sumayai muzhuvatum ēttru
enakkāka tāy paṭum pāṭṭai kaṇḍēn

J'ai vu à quel point Tu souffrais, ayant accepté la responsabilité totale de me protéger.

uyarvāna cintai paṇikintra guṇamum
taṇintiṭum idayam teḷivāna pārvai

Je vois à quel point Tu T'efforces d'éveiller en moi de nobles sentiments, tels que l'humilité et la compassion,

nōkkam mārātuūkkankaḷ tantu
enakkāka tāy paṭum pāṭṭai kaṇḍēn

ainsi qu'une vision claire, qui ne déforme rien, pour m'aider à atteindre le but.

Gopivallabha (Malayalam 2015)

gopivallabha gopālakṛṣṇā
govarddhana giridhāri

Seigneur des Gopis ! Gopala Krishna ! Sans aucun effort, Tu as soulevé la montagne Govardhana sur Ton doigt !

rādhāmānasa rājīvalocanā
kāyāmbū uṭalvarṇṇā

Krishna aux yeux de lotus, Tu as le teint bleu sombre de la fleur *kayambu* ! Tu demeures dans le cœur de Radha.

vṛndāvana sañcāriyām kṛṣṇā
centāmaradaḷa nayanā

O Krishna aux yeux de lotus ! Tu gambadais librement dans Vrindavan, le village des gopis.

bandhamakattuka nanda kumārā
sundara bāla mukundā kṛṣṇā

Fils chéri de Nanda, Tu as l'apparence enchanteresse d'un enfant, je T'en supplie, délivre-moi de tous les liens.

mathurādhipate śrīkṛṣṇā
sakalamayahara devā

O Seigneur de Mathoura ! Tu fais disparaître les ténèbres de la souffrance.

paritāpakarām tavapadadāsaril
abhayam nalkuka devā kṛṣṇā

Daigne nous accorder refuge à Tes pieds de lotus, nous sommes Tes serviteurs, O Krishna bien-aimé !

Gōpiyargaḷ (Tamoul)

gōpiyargaḷ ellōrum gōpālan tanakkenṭrē
kōṇḍāṭi avan mukhattai pārttirundanar
āyarpāḍi māyavanum āmām nān unakkenṭrē
anaivarukkum adaikkūri pūttirundanan

Imaginant que Gopala n'appartenait qu'à elles, les gopis Le contemplaient, le cœur en fête. Avec un sourire espiègle, le petit coquin de Gokul a assuré à chacune d'elles : « Oui, Je t'appartiens. »

pankiṭṭāl kuraivatillai pazhiyiṭṭāl veruppatillai
kumbiṭṭāl maruppatillai kūppiṭṭāl viṭuvatillai
vambiṭṭāl vazhiyumillai vazhakkiṭṭāl kiṭaippatillai
nambiviṭa kēṭumillai avanaruḷa taṭaiyumillai

Son amour ne diminue pas quand Il le partage. Il ne hait point celui qui Le critique. Si on Le vénère, Il n'y fait pas d'objection. Il n'abandonne jamais celui qui L'appelle. Rien ne L'agace. Les disputes ne L'affectent pas. La foi en Lui n'est jamais vaine et fait disparaître les obstacles qui nous empêchent de recevoir Sa grâce.

paśiyenbatavan ēkkam pālamudam avan ninaivu
kasiyā manamenum kallinuḷḷum īram vaittān
attanaiyum turanduviṭṭāl anaittum nam sondamenṭrān
aṭiyeṭuttu vaittuviṭṭāl avan namadu bandamenṭrān

La soif de Krishna (Dieu) est comme la faim ; les pensées tournées vers Lui sont du nectar. Il a rempli les cœurs les plus durs des eaux de l'amour le plus tendre. Il affirme qu'en renonçant à tout, on obtient tout, et que si nous faisons un pas vers Lui, Il nous appartient.

Gopiyarkoñcum (Tamoul)

gopiyarkoñcum rādhaiyin kaṇṇā
mālē maṇivaṇṇā
kuvalayam keñcum kuzhalisai kaṇṇā malarmakaḷ
mannā maṇivaṇṇā

O Krishna au teint d'émeraude, Enfant chéri des gopis, Bien-aimé de Radha. Seigneur de Lakshmi, le monde entier se languit d'entendre la musique envoûtante de Ta flûte.

kaṇṇanai kaṇkaḷ kāṇavum vēṇḍum
kaṇamum imaiyā kaṇkaḷē vēṇḍum

Bénis-moi, pour que mes yeux ne cillent plus et Te contemplent sans la moindre interruption.

ennatān seyvēn edai nān taruvēn
enadenbadēdu unadu tān ellām
ennaiyē tandēn unai nān koṇḍēn
ennilē uraiyum unai nān kaṇḍēn

Que puis-je faire pour Toi ? Que puis-je T'offrir ? Et d'ailleurs, qu'est-ce qui m'appartient ? Tout est à Toi. Ainsi, je me suis donné à Toi en offrande. Tu T'es donné à moi. C'est alors que je T'ai contemplé à l'intérieur de moi.

vānamun siramē vaiyamun aṭiyē
kānamun ezhilē kaṭalun niramē
ennilum nīyē edilum nīyē
uḷḷad yāvum nīyē nīyē

Le ciel est Ta tête et la terre Tes pieds. La nature est Ta beauté et l'océan, Ton teint. Tu demeures en moi et en tout. Tout ce qui existe, c'est Toi.

gōkulakṛṣṇā gōvindakṛṣṇā
gōpālakṛṣṇā rādhēśyām

sanmayakṛṣṇā cinmayakṛṣṇā
ānandakṛṣṇā rādhēśyām

O Krishna de Gokul, petit pâtre Krishna, Protecteur des vaches, Bien-aimé de Radha, Tu es sat (existence), chit (connaissance) et ananda (béatitude). O Toi, le Shyam de Radha !

Hanumat bal do bhagvān (Hindi)

hanumat bal do bhagvān
amar vīr hanumān
gun sāgar pehcān terā
param śiṣya kā sthān

O Seigneur Hanouman, donne-nous de la force ! Immortel et valeureux Hanouman, Tu es un océan de vertus et parmi les disciples, Tu es suprême.

bhagvān, balvān, hanumān, terā gun gān
siyāvar rāmacandra kī.jai!
pavan sut hanumān kī.jai!
bolo bajrang balī kī.jai!
bolo mahā dhīr vīr kī.jai!

Seigneur Hanouman, Tu es puissant, nous chantons Ta gloire ! Gloire au Seigneur Rama, époux de la déesse Sita, gloire au Fils du dieu du vent (Hanouman) ! Gloire à Celui qui a la puissance du tonnerre, la vitesse de l'éclair, et dont la vaillance est sans égale.

rām rām jo gāve tere
man ko vo bhāve
aisā var vo pāve
śraddhā amṛt pāve

Ceux qui chantent le nom divin de Rama ont Ta faveur. Tu leur accordes la conscience éveillée et le nectar de l'immortalité.

atulit bal kā dhām
kiñcit nahi abhimān
kar ye śakti pradān
dhṛḍh bhakti kā dān

O Demeure d'une Puissance inégalée, il n'y a en Toi pas la moindre trace d'orgueil ! Bénis-nous, accorde-nous la force et une dévotion inébranlable !

Harē śankha cakra dhāri (Kannada)

harē śankha cakra dhāri
harē dēva kṛṣṇa

O Hari, Toi qui portes le disque et la conque, O Seigneur Krishna !

biḷigiri ranga kṛṣṇa
uṭupiya svāmi kṛṣṇa
guruvāyūra kṛṣṇa
nanna ninna celva kṛṣṇa

O Krishna venu à Biligiri sous la forme de Ranga, le Seigneur d'Udupi. O Krishna de Guruvayur, Toi que nous chérissons.

kṛṣṇa kṛṣṇa gopi kṛṣṇa
kṛṣṇa kṛṣṇa gopala kṛṣṇa

Krishna ! O Gopikrishna ! O Gopalakrishna !

mīrābāyi bhajipa kṛṣṇa
rādhā dēvi smaripa kṛṣṇa
ānḍāḷu sēvipa kṛṣṇa
ninna nanna canda kṛṣṇa

O Krishna célébré par Mirabaï, le Bien-aimé de Radha Dévi. O Krishna, dont Andal est l'humble servante, Toi que nous chérissons.

kanakana natha kṛṣṇa
sūradāsa kaṇḍa kṛṣṇa
narasi mehta nāpta kṛṣṇa
nammellara amṛta kṛṣṇa

O Krishna, Toi que vénère Kanakas ! Krishna, Toi que le dévot Surdas a vu malgré sa cécité ! Krishna, Aimé de Narsi ! C'est Amrita Krishna (immortel) que nous chérissons !

nammellara amṛta kṛṣṇa
snighdhāpānga lōla kṛṣṇa
mandasmita vadana kṛṣṇa
citta cōra īśvara kṛṣṇa

Amrita Krishna que nous chérissons tous nous regarde avec amour. Amrita Krishna au visage souriant est le Seigneur qui capture les cœurs.

Harsut akhila (Hindi)

harsut akhila amangala har
mud mangala dātā
hāthī mukh hasmukh sundar
candra mukuṭ vālā

O Seigneur Ganesh, Fils de Shiva, Tu élimines tout ce qui est défavorable et accordes ce qui est propice. O Dieu au visage d'éléphant, au beau sourire, Tu portes sur le front le croissant de lune !

āgē baḍhe pagpag par bole vignarāj kī jai
pāve vidyā vijay viśvame lāve śānti gaṇeś

Avançons, chantons à chaque pas : « Victoire au Seigneur qui détruit les obstacles ! Puisse notre quête de la connaissance aboutir ! » Le Seigneur Ganesh apporte la paix au monde.

jai ekadant kī jai
jai vakratūṇḍ kī jai
jai vighnarāj kī jai
jai divyarūp kī jai

Gloire à Toi, qui n'as qu'une seule défense, Dieu au gros ventre ! Tu détruis les obstacles, Ta forme est divine, gloire à Toi !

tume vandan śankar nandan sundar dantikāy vande

Nous chantons Tes louanges, O Fils du Seigneur Shiva. Nous nous prosternons devant celui qui possède une belle défense !

kalmaṣ bhañjan kari vadana
karma bandha hārī
dhavala kalebar dharma niketan
bhīma deh bhārī śrī gaṇeśa varadānī

Tu élimines les impuretés, Dieu au visage d'éléphant, Tu défais les liens du karma. Tu as le teint blanc, un corps puissant, et Tu es l'Incarnation du dharma (la justice divine). O Seigneur Ganesh ! Tu accordes des faveurs.

vighna nivārak śvetāmbaradhar
tū antaryāmī
bhagat janāvan gaṇapati śivsut
ho prasann svāmī śrī gaṇeśa varadānī

Tu élimines les obstacles ; vêtu de blanc, Protecteur des dévots, Tu demeures en nous. O Seigneur des Ganas, Fils de Shiva, puisses-Tu être satisfait !

Hē mañjunāthā (Konkani)

hē mañjunāthā karttā praṇām
kailāsavāsa karttā praṇām

O Seigneur des cimes enneigées (Shiva), je me prosterne devant Toi, qui demeures sur le Mont Kailash !

vyāgrāmbara tū dhāraṇ kōrnu
sarppā bharaṇāna śōbhita jhāvnō
vṛśabhāva vāhanāri savāri evnu
jaṭājūṭadhara yōre dhāvun

Vêtu d'une peau de tigre, Tu es paré de serpents et Ton véhicule est le taureau sacré. Viens vite, afin que le monde exulte !

hē mañjunāthā kailāsavāsa
hē mañjunāthā kailāsavāsa

O Seigneur des cimes enneigées, Toi qui demeures sur le Mont Kailash !

paśupati tū paramadayāḷu
kaśśi sāgūre manāntle taḷamaḷ
karttā smaraṇa sarvākāḷu
dākkāyi karuṇa kōrṇuka vēḷu

Seigneur des animaux, Ta bonté est sans égale. Comment exprimer mon désespoir ? Je ne pense qu'à Toi, pourquoi tardes-Tu à venir ?

himaparvatā vairi ityatu baslā
bhagutāle bhagutiku parvatu kirlā
manamandirāntu baisūn paḷe
daruśana mātrāna dhanyatī dhōḷe

Il réside sur les sommets de l'Himalaya. Ces montagnes se sont tournées sous l'effet de la pure dévotion de ce dévot. Regarde dans le temple de ton âme et tes yeux seront sanctifiés par la contemplation du Seigneur.

jaya jaya śambho he mañjunāthā
hē mañjunāthā kailāsavāsa

Gloire à Toi, O Seigneur Manjunatha !

Jagjananī ambā bhavānī (2015)

ālō mī darśnālā

O Mère universelle, nous sommes venus pour Ton darshan.

vāṭ pāhū kitī ambā
darśan dē tū malā

Nous T'attendons depuis si longtemps ! O Bhavani, daigne nous accorder Ton darshan.

andhārātun rastā chuklā
jhālō bējār

Je m'étais égaré dans les ténèbres.

ṭēch lāglī tarīhī nāhi
sōḍū nirdhār

Les difficultés qui se présentent ne m'accablent pas.

pāy śīṇlē cāl cālunī ālō
tujhiyā dāri

Mes jambes faiblissent et pourtant, je suis venu voir Amma.

vyākuḷ jhālā jīv ambā
kṛpā karī majhvarī

Mon cœur souffre, daigne m'accorder Ta bénédiction.

phulē bhaktīchi nirmaḷ
arpaṇ tujhiyā charṇī

J'éprouve pour Toi un amour pur. Je T'offre cet amour à travers les fleurs que je dépose à Tes pieds.

jyōt ḍōḷyānchī ambābāī
ōvāḷū āratī

Mes deux yeux sont des flammes avec lesquelles je T'offre l'arati.

besūr mājhī vāṇī tarī
gāvūn tujhīch gāṇī

Je ne sais pas chanter et pourtant, je chante Ta gloire.

ambē bhavānī mahān
mahimā pāvan kar tū malā

O Amma, j'ai entendu célébrer Ta gloire, daigne répandre Ta bénédiction.

Jamuna kināre (Hindi)

jamuna kināre muraḷi bajāne
madhuban me nit rās racāne
gopī ghar navanīt curāne
giri kānan me dhenu carāne

Il est venu jouer de la flûte sur les rives de la Yamouna, danser avec béatitude dans les jardins, voler du beurre dans les maisons des gopis, faire paître le bétail sur la montagne.

navghan nīla kaḷebar āyā
vṛndāvan kā pyārā
kṛṣṇa kṛṣṇa kṛṣṇa kṛṣṇa kṛṣṇa
kṛṣṇa kṛṣṇa kṛṣṇa kṛṣṇa kṛṣṇa

L'Enfant chéri de Vrindavan, l'Enfant au teint bleu sombre est venu ! O Krishna.

āyā sāvrā, pyārā sāvrā
ayā pās bajāyā bāsuri

Il s'est approché en jouant de la flûte, l'Enfant chéri au teint sombre.

māyā me nij rūp chipāke
nitnit navnav līlā karne
mere dilme jyoti jagāne
gokul me to śor macāne

Il cache Sa forme réelle derrière un voile d'illusion, Il se livre sans cesse à de nouvelles lilas (jeux divins) pour faire naître la lumière dans mon cœur et créer le tumulte à Gokul.

madhurhasī se sabko lubhāne
muh me sārā viśv dikhāne
braj jan manme madhubarsāne
govardhan giri karme lene

Il conquiert tous les cœurs par son tendre sourire, Il a montré l'univers entier contenu dans Sa bouche (à Yashoda). Il répand la béatitude dans les cœurs des habitants du Vraj, Il a soulevé la montagne sur Sa main.

Japo re (Hindi)

japo re japo re japo re japo
rām kā nām japo
subah ke vakt japo
aur har śyām japo

Chantons, chantons, chantons le nom de Rama ! Chantons-le nuit et jour !

rām nām japune se
hote he kaṣṭ dūr sabhī

rām nām japune se dil
ko mile surūr sabhī
rām jī kā nām japo
subah aur śyām japo

Chanter le nom de Rama met fin à la souffrance et donne la paix du cœur. Nuit et jour, chantons Son nom !

rām nām aisā he jiskī
na koyi kīmat he
rām nām esā he jo
khud hī ek dolat he
rām jī kā nām japo
subah aur śyām japo

La valeur du nom de Rama est sans égale, Son nom est en lui-même la plus grande des richesses. Nuit et jour, chantons Son nom !

rām kā nām japo
rām rām rām rām rām kā nām japo

Jaya jaya rāma jānaki rāma (Kannada)

jaya jaya rāma jānaki rāma
mēghaśyāma raghukula sōma

Gloire à Toi, Rama, au teint sombre comme les nuages, Tu es l'astre lunaire du clan des Raghous.

āgali ennaya hṛdaya rāma
nitya ninnaya prēma dhāma
dēha vīṇeya mīṭalu rāma
mūḍali sumadhura tārakanāma

Puisse mon cœur devenir Ta demeure d'amour pour l'éternité. Que seul Ton nom salvateur soit joué sur le luth de mon cœur.

rāma ennalu gadgata svaravu
hṛdayadi bhaktiya bhāvada honalu
nayanadi prēmada mēghada maḷeyu
bārade ā dina karuṇārāma

O Rama, ma gorge se serre à prononcer Ton nom. Quand viendra le jour où de mon cœur jaillira un torrent de ferveur, où mes yeux laisseront couler la pluie des nuages de l'amour ?

janamana rañjaka jagadabhirāma
janimṛti nāśaka jayajaya rāma
bhaktajana prāṇadhana rājārāma
ānandarūpanē ātmārāma

Tu es le Seigneur qui veille au bonheur de tous les êtres. O Rama, gloire à Toi, qui anéantis la naissance et la mort ! Tu es le trésor le plus précieux de Tes dévots. O Rama, établi dans le Suprême, Tu es l'Incarnation de la béatitude.

Jaya māt bhavāni (Sanscrit)

bhaktim dadātu me premam dadātu me
viśvāsam dadtvā mama rakṣām karotu jagadambā

Accorde-moi la dévotion, accorde-moi l'Amour, O Mère de l'univers, protège-moi en me donnant la foi.

jaya māt bhavāni namāmi śive
śivaśankari śāmbhavi pāhi rame
praṇamāmi śubhankari śrī laḷite
jaya he asurāri mahēśa priye

Victoire à Mère Bhavani, je me prosterne devant la Déesse propice. Protège-moi Mère, Shankari, épouse de Shiva. Je me prosterne devant Sri Lalita qui accorde ce qui est favorable. Gloire à la Déesse, opposée à tous les traits de caractère négatifs.

amṛteśvari śrīkari pālayamām
śaraṇāgata pālaya śrī amṛte

O Déesse éternelle qui accorde la prospérité, daigne me protéger. Divine, Immortelle, protège ceux qui ont pris refuge en Toi !

jaya he tripureśi maheśi ume
varadātri nirantari muktiprade
manamohini kṣīrapayodhi sute
amṛteśvari śrīkari pālayamām

Tu accordes des faveurs, Déesse éternelle qui donne la Libération. Je me prosterne devant Celle qui captive les cœurs, Celle qui a surgi de l'océan de lait.

bhuvaneśi kṛpākari haimavati
paśupāśavimocini mantramayi
bhavasāgaratāriṇi śrī janani
amṛteśvari śrīkari pālayamām

O Parvati, Déesse de l'univers, dans Ta compassion, Tu brises les chaînes qui nous attachent à ce monde. Tu es la forme du mantra. O Mère divine, Tu nous fais traverser l'océan de la transmigration.

hṛdayeśvari bhairavi bhāvaghane
śivaśakti svarūpiṇi prāṇadhane
sachidānandarūpiṇi bhaktipriye
amṛteśvari śrīkari pālayamām

O Bhairavi, Déesse de mon cœur, Tu es habile à multiplier les divines manifestations (bhava), Tu as la forme de Shiva et de Shakti, Tu es la richesse de la force vitale (prana). Tu es existence, connaissance et béatitude, Tu aimes la dévotion.

Kadiranu enagende (Kannada)

kadiranu enagende udisidarēnu
tingaḷanu enagāgi beḷagidarēnu
ninna kṛpā kiraṇa enna hṛdayava
hūvāgi araḷisadiralu ammā

Le Soleil se lève, la Lune brille (pour moi), mais que m'importe ? Tant que la fleur de mon cœur ne s'est pas épanouie sous l'effet des rayons de Ta grâce, à quoi bon ?

jīvana nadiguṇṭu aṭe taṭe anēka
viparītanēka viparyāsanēka
suḷiyali silukadantiralu nā ammā
vilavilā horaḷāḍutiruve ammā

Dans la rivière de la vie, nombreux sont les obstacles, les contradictions, les paradoxes. Je me débats, je tourne en rond, pour éviter d'être pris dans le tourbillon.

śaraṇu bandavagē nī karuṇe tōrammā
pāpa maguvendu ennatta nōṭamma

hūvāgi araḷaḷi hṛdayavu indē
minugali kṛpā kiraṇa ammā

Mère, fais preuve de compassion envers ceux qui ont pris refuge en Toi ! Jette-moi un regard, vois mon état pitoyable. Permets à la fleur de mon cœur de s'épanouir, répands sur moi la lumière de Ta grâce.

Kālī kālī kālī (Gujarati 2015)

kālī kālī kālī tane
śāne kahe mā
tārā jevū sundar nathī
koyī ā jagmā

O Kali, pourquoi T'appelle-t-on Kali (celle qui est sombre) alors qu'il n'existe dans cet univers aucune beauté comparable à la Tienne ?

kāḷī mā o kāḷī mā
ami bhari tāri draṣṭi
karuṇābharyā tārā nayn
tujhthī chūpū nathī
kayī ā jagmā

Tes yeux sont remplis de nectar divin et de compassion ; rien n'est voilé à Ton regard.

kāḷī kāḷī mārī kāḷī
vālī kāḷī pyārī kāḷī
kāḷī mā o kāḷī mā

Ma Kali, ma Kali bien-aimée, ma Kali adorée.

tū mārī vālī kāḷī
tū mārī bhoḷī kāḷī
bhoḷī chattā śāṇī kāḷī
tārā jevū nathī koyī

Tu es ma Kali bien-aimée ; Tu es pure innocence et cependant, nul n'est aussi astucieux que Toi en ce monde.

tū kāḷī mahākāḷī
darśan de de mātārānī
dauḍī dauḍī āv kāḷī
tane pokārū laḷi laḷi

Tu es Mahakali ; accorde-moi Ton darshan O Mata rani Accours vers moi, je T'appelle, O Kali.

rūmjhum rūmjhum āv kāḷī
rās ramvā āv kāḷī
jay jay kāḷī mahākāḷī
kāḷī kāḷī jay ho kāḷī

Viens Kali, avec Tes bracelets de cheville qui tintinnabulent. Viens danser avec nous, O Kali, Gloire à Toi, Kali !

Kallum Avanē (Tamoul 2015)

kallum avanē kaṭavuḷum avanē
ellām śivamayamē
ellām śivanē ellām śivanē
ellām śivamayamē

Il est l'idole de pierre, Il est aussi Dieu. Tout est Shiva.

sattenum sollum śivamayamē
cittenum sollum śivamayamē

Le mot « Existence » est Shiva, le mot « Conscience » est aussi Shiva.

akattinil ānanda
naṭanam puriyum
anbin vaṭivum śivamayamē

Celui qui danse en extase à l'intérieur de nous est Shiva ; Il danse sous la forme de l'Amour.

Kaṇḍariyātana (Tamoul)

kaṇḍariyātana kaṇḍēn śivanē
kaṇkaḷ panittana nandriyil aranē
kaṇḍēn ārivin kaṇṇāl śivanē
kāṇacheytatu mukkaṇ āranē

J'ai vu la Vérité avec l'œil de la sagesse. C'est Toi, avec Ton troisième œil, qui m'as permis de la voir.

aranum ariyum vērendrirundēn
aruvē uruvil iraṇḍena kaṇḍēn
bhaktiyum jñānamum pakay endrirundēn
muktiyai īndra tāy tandaiyum kaṇḍēn

Je concevais Shiva et Vishnou comme différents. Je comprends maintenant que le Sans-forme se manifeste sous ces deux aspects. J'imaginais que la dévotion et la connaissance étaient contradictoires. Je vois maintenant qu'elles sont la mère et le père de la libération spirituelle.

enkō kayilaiyil nī endrirundēn
inke ennūḷḷēyum irukka kaṇḍēn
ālayachilayē nī endrirundēn
anbē śivamāka irukka kaṇḍēn

Je croyais que Tu demeurais au Mont Kailash. Je vois maintenant que Tu résides aussi en mon cœur. Je croyais que Tu étais limité à l'idole du temple. Je comprends maintenant que Ton essence est l'Amour vrai.

hara hara hara śankarā śiva śiva śiva śankarā
śankarā śiva śankarā śankarā abhayankarā

Gloire au Seigneur Shiva ! Victoire à Shankara ! Gloire à Celui qui protège !

Kaṇṇē kalankātē (Tamoul)

kaṇṇē kalankātē
kaṇṇanindra nammun varuvānē
kaṇṇan vantāl tan arulmazhaiyālē
nammai nanaippānē

O chère amie, ne sois pas triste. Kanna viendra aujourd'hui, c'est certain. Quand Il viendra, Il nous inondera d'une pluie de grâce.

yanumai nadiyin karaikaḷiranḍum
viragattaṇalin vēdanaiyālē
karugavē viṭuvānō
kaṇṇan indra nammun varuvānō
kaṇṇā kaṇṇā kaṇṇā kaṇṇā

Notre Kanna bien-aimé permettra-t-Il que les rives de la Yamuna souffrent le martyr sous la canicule de la séparation et de l'attente passionnée ? Le Seigneur Krishna viendra-t-Il aujourd'hui ? Kanna.

gōkulam gōpiyar gōvarddhanamalai
bṛndāvanattil taḷirviṭum ālilai
ellām marappānō
allāl kaṇṇan nammun varuvānō
kaṇṇā kaṇṇā kaṇṇā kaṇṇā

Krishna va-t-Il oublier Gokul, les gopis, la montagne Govardhana et les tendres feuilles de banyan de Vrindavan ? Va-t-Il tout oublier ? Ou bien viendra-t-Il aujourd'hui ? O Kanna.

kaṇṇan palappala līlaikaḷ purintiṭa
mayankiyē irundōm mati marantiruntōm
akantai aravē akandriṭum vēḷaiyil
akattil varuvānō kaṇṇanindru
akattil varuvānō
kaṇṇā kaṇṇā kaṇṇā kaṇṇā

Nous avons vécu sous l'effet d'un charme, oubliant tout, transportées par les jeux divins et charmants de Krishna ! Quand nous serons délivrées de l'ego, de l'individualité, Krishna viendra-t-Il dans notre cœur ? Viendra-t-Il aujourd'hui dans notre cœur ?

Kaṇṇīruṇangātta (Malayalam)

kaṇṇīruṇangātta kaṇṇumāy nin kazhal
neñcakam nīri ninachirippū
mandahāsattinde pontariveṭṭattāl
añcitamākkukenn-antarangam

Je demeure immobile, les yeux remplis de larmes ; le souvenir de Tes pieds brûle dans ma poitrine.

cintayil cēru puraḷāte tāraka
puñciri śōbhayāl śuddhiceyyū
centāraṭikaḷil vīṇu namikkuvōr -
kkantarangattil amṛtavarṣam

Dans le cœur de celui qui garde ses pensées pures, qui se concentre uniquement sur la lumière de Ton sourire et s'abandonne à Tes pieds de lotus, se répand le nectar de l'immortalité.

kaṇṇīrezhuttinde kāraṇa srōtassil
kānāmanēka yugānta svapnam!
āśakaḷ āṭṭikkurukkiyēkātmaka –
mākki nin kālkkal ñān kāzhcaveppū!

A la source de ces larmes, je vois les rêves de nombreuses vies passées ! Je dépose tous mes désirs à Tes pieds, désormais seuls sublimes à mes yeux.

antarangattile andhakāram nīkki
bandhurāngi, nīyuṇarnnu velka!
bhaktiyum muktiyum nin kṛpānugraham
citta viśūddhiyum nin kaṭākṣam

O Être enchanteur, éveille-Toi en moi afin que s'évanouissent les ténèbres de mon cœur. La dévotion, la libération, sont des bénédictions conférées par Ta grâce ; un regard de Toi peut nous accorder la pureté intérieure.

Karuṇaiyil pirandu (Tamoul)

karuṇaiyil pirandu karuṇaiyil vaḷarndu
karuṇaiyil niraivadu ānmīkam
kalmanam kasindu kadavukaḷ tirandu
uḷḷoḷi kāṇbadu ānmīkam

La spiritualité naît de la compassion, est nourrie par la compassion et s'épanouit grâce à la compassion. Elle fait aussi fondre les cœurs de pierre et ouvre les portes du cœur, révélant la lumière intérieure.

kānbadil ellām kaṭavuḷaikkaṇḍu
sēvaikaḷ seyvadu bhaktivazhi
kaṭavuḷin karuṇai mazhaiyinil nanaiya
sēvayallādu ēdu vazhi

La voie de la dévotion consiste à voir Dieu en tout et à servir autrui avec cette vision. Sans le service désintéressé, comment pourrait-on recevoir la pluie torrentielle de la grâce divine, et se laisser inonder par elle ?

kāṇbadai ellām tānāy kaṇḍu
sēvaikaḷ seyvadu jñāna vazhi
kaṇṇukaḷ vizhunda tukaḷinai akattra
kaivaruvadu pōl inda vazhi

La voie de la connaissance consiste à voir son propre Soi en tout et à servir autrui avec cette vision. Cela revient à ôter la poussière que nous avons dans l'œil.

tanniṭam kāṭṭum karuṇaiyil piraikkum
pirariṭam kāṭṭum karuṇaiyil vaḷarum
inidāy vaḷarum ānmīkam - adu
iraiyaruḷālē niraivākum

La compassion que nous avons pour nous-mêmes donne naissance à la spiritualité. Elle est nourrie de la compassion que nous manifestons envers autrui. C'est ainsi que l'on progresse spirituellement. Mais seule la Grâce de Dieu nous donne la connaissance complète de la spiritualité.

Kāttrāka nān (Tamoul)

kāttrāka nān irundāl enna seyvēn - ammā
nī pōkum iṭamellām nānum varuvēn

Si j'étais la brise, que ferais-je ? O Amma, je Te suivrais partout !

nilamāka nān irundāl enna seyvēn - ammā
un pādam tāmgikkoṇḍu pūrittiruppēn
neruppāka nān irundāl enna seyvēn - ammā
un kōyil dīpamāka suṭarviṭuvēn

Si j'étais la terre, que ferais-je ? O Amma, je me réjouirais de porter Tes pieds. Si j'étais le feu, que ferais-je ? O Amma, je brillerais dans la lampe de Ton temple.

visumpāka nān irundāl enna seyvēn - unakku
vānavillāl tōraṇam kaṭṭi makizhvēn
nīrāka nān irundāl enna seyvēn - undan
pādābhiṣēkam seyyum pannīr āvēn

Si j'étais l'éther, que ferais-je ? O Amma, avec ravissement, je décorerais le ciel d'un arc-en-ciel. Si j'étais l'eau, que ferais-je ? O Amma, je serais l'eau de rose pour l'ablution de Tes pieds.

pūvāka nān irundāl enna seyvēn - ammā
mālaiyāki un tōḷil sāyndu koḷvēn
kuyilāka nān irundāl enna seyvēn - ammā
unnōṭu bhaktigānam pāṭi makizhvēn

Si j'étais une fleur, que ferais-je ? O Amma, je serais une guirlande sur Tes épaules. Si j'étais un coucou, que ferais-je ? O Amma, je chanterais avec délices des chants dévotionnels avec Toi.

Kōṭṭaiyenṭrē (Tamoul)

kōṭṭaiyenṭrē āṇavamāy kuṭiyiruntālum - itu
ōṭṭai ombatuḷḷa vīṭu ambalavāṇā
vēṭṭayāṭa kālanvantu ninṭriṭum pōtum - ivar
sēṭṭayatu kuraivatillai ambalavāṇā

« Le corps est une forteresse. » C'est sous l'empire de cette illusion, que les humains nourrissent de l'orgueil mais en vérité, le corps n'est qu'une demeure à neuf ouvertures.

māṇḍavarkku azhutiṭuvār ambalavāṇā - tānō
māḷvatillai enṭriruppār ambalavāṇā
vēṇḍumsottu talaimuraikku malaiyaḷavenṭrē
vēṇḍātana seytiṭuvār ambalavāṇā

Les gens pleurent les morts en pensant qu'eux-mêmes ne mourront jamais, O Shiva ! Ils commettent de nombreuses actions indésirables dans le but d'accumuler des richesses suffisantes pour de nombreuses générations !

ambalakkuttā ṭuvōnē ambalavāṇā - em
akattil naṭampurivāy ambalavāṇā
ambarattin rahasyattai ambalamākki
ānandamām nilai aruḷvāy ambalavāṇā

O Shiva, Tu exécutes la danse cosmique à la cour des dieux ; daigne venir danser au cœur de mon être. Daigne nous révéler le secret ultime et nous accorder la grâce de la béatitude éternelle, O Seigneur Shiva !

śiva śiva śiva śiva cidambarēśā
hara hara hara hara kanakasabēśā

O Seigneur Shiva, Seigneur de Chidambaram, Toi qui détruis le mal, Seigneur de la resplendissante assemblée divine !

Lālāli lālalē (Malayalam)

lālāli lālalē lēlēli lēlalē
lālāli ūla lēlēli lēlalē

tāru viriññatupōloru paital
tāne kiṭannu cirikkunnu
kaṇṇu marachuḷḷa kaḷḷiyarakkaññi
kaiyukaḷ nīṭṭiyaṭuttetti
kayyālaṅgārnneṭī mārōṭe cērnneṭī
neñcinkal koṭum nañcūrum pāleṭī

Le bébé Krishna, aussi tendre qu'une fleur fraîchement éclose, était tout seul et souriait. La démone Poutana, feignant des sentiments maternels, tendit les bras vers Lui. Elle prit le bébé dans ses bras et le tint contre sa poitrine, remplie de lait empoisonné.

pūvitaḷ pōluḷḷa cuṇḍumukarnnatu
pūtana taṇṇuṭe prāṇanāṇallō
kāḷāya rūpatte pūṇḍuḷḷa pūtam
kallumalapōle vīṇoṭuṅgi
meyyārnnaṅgāṭeṭī mēḷattil pāṭeṭī
kaṇṇande līla ōrttōrttu pāṭeṭī

Ces petites lèvres, tendres comme des pétales de fleur, ont sucé le prana (la force vitale) de la démone Poutana. Femmes, célébrez et dansez, chantez sur ce rythme ! Chantez en vous rappelant sans cesse les jeux divins de Krishna.

ōrō dinattinde cāṭurumbōḷ
cāṭāyi vannuḷḷa mallanumappōḷ
tāmarattuṇḍu pōluḷḷoru kālāl
tāvum taviṭu pōlākechitari aṅgane
meyyārnnaṅgāṭeṭī mēḷattil pāṭeṭī
kaṇṇande līla ōrttōrttu pāṭeṭī

Les jours ont passé, le démon Shakasoura est venu sous la forme d'une roue. Les petits pieds de lotus de Krishna en ont fait de la sciure, qu'Il a éparpillée aux quatre vents. Femmes, célébrez et dansez, chantez sur ce rythme ! Chantez en vous rappelant sans cesse les jeux divins de Krishna.

kāḷindi tanneyaṭakki vāṇīṭunna
kāḷiya sarppat tekkaṇḍīllēṭī
vāya piḷartti vizhuṅgumeṭī
vālināl cuttivalikkumeṭī
kārikālan pāmbeṭī kākōḷakkayareṭī
paṭūkūttan paṭam ōrōnnāykkāṇeṭī

Voyez-vous le serpent Kaliya, qui règne sur les eaux de la rivière Kalindi ? La gueule grande ouverte, il avale sa proie autour de laquelle il enroule d'abord sa queue pour l'attirer à lui. Il est terriblement venimeux ; voyez ses capuchons énormes qui se lèvent, un par un.

kāñciyum mālayumākeyulachum
kāttupōl aṅgōṭṭum iṅgoṭṭu māññum
kāḷiyan pāmbindeyāḷum phaṇaṅgaḷ
tāṇatu ceñcōra kunkumamārnnē
centāril cēvaṭī onnonnāy vechaṭī
kaṇṇande nṛttam ellārum kāṇeṭī

Krishna danse comme le vent, ses bijoux se balancent. Les capuchons du serpent Kaliya sont piétinés un par un, jusqu'à ce que le sang en jaillisse. Voyez, Krishna danse avec aisance, il y pose ses pas comme sur de tendres fleurs rouges.

māripeytiṅgu mānam muriññē
māniṭam-onnāyiyāke valaññē
tanniṭam kaiyyilāy māmalayēnti
tannōṭu cērttē gōkulattē
meyyārnnaṅgāṭeṭī mēḷattil pāṭeṭī
kaṇṇande līla ōrttōrttu pāṭeṭī

Le ciel s'est fendu, et des pluies torrentielles s'abattent ; il tonne et le monde est plongé dans la détresse. Le Seigneur porte la montagne Govardhana sur la main gauche, entouré des gens de Gokoul. Femmes, célébrez et dansez, chantez sur ce rythme ! Chantez en vous rappelant sans cesse les jeux divins de Krishna.

pālitu kaṭṭukuṭikkum kurumbane
pārichuralilāy keṭṭiyiṭṭē
muttatte māmaram tettiyiṭṭē
muttum ciriyōṭe ninniṭunnē

tāḷattil colleṭi covārnnaṅgōteṭī
kaṇṇande līla ōrttōrttu pāṭeṭī

Krishna, le petit espiègle, est attaché à un mortier pour avoir volé du lait. En traînant après Lui le mortier, Il déracine d'énormes arbres, avec un grand sourire. Femmes, célébrez et dansez, chantez sur ce rythme ! Chantez en vous rappelant sans cesse les jeux divins de Krishna.

pīlipūvukaḷ vaṇḍaṇimāla
ōṭattaṇḍatumōmanachuṇḍil
ottulayunna ponnarayāṇam
kaḷḷakkaṇṇanekkāṇeṭī peṇṇē
meyyārnnaṅgāṭeṭī mēḷattil pāṭeṭī
kaṇṇande cuttum āṭānāy kūṭeṭī

Une plume de paon dans les cheveux, une guirlande odorante au cou, qui attire les abeilles, il tient sa flûte contre ses lèvres, sa ceinture en or ondule gracieusement à chacun de ses mouvements. Venez vous joindre à nous, femmes, dansons autour de Kanna !

Lāl cunar (Hindi 2015)

lāl cunar tere sirpe sohe
jhilmil sendur māthe pe camke
pyār chalkatā nenon se tere
sūrat sāvalī hardam damake

La tête parée d'une écharpe rouge, un point étincelant de vermillon sur le front, Tes yeux débordent d'amour et Tes regards sombres ne passent jamais inaperçus.

pyārī mā merī kāḷī mā
tere pāv paḍhūm mujhe de darśan

O ma Mère si aimante, O Mère Kali ! Je me prosterne à Tes pieds, accorde-moi Ton darshan !

mahākāl kī tū mahākāḷī
kāl ke manc pe nācne vālī
sṛṣṭi ye sārī nṛttya hai terā
jang-jangam sab rūp hai terā

Tu es la Maha Kali de ces temps puissants. C'est Toi qui danses sur la scène du temps. Cette création est Ta danse, rien d'autre. Tout ce qui existe, animé ou inanimé, est une forme de Toi.

ek hāth men hai asi karāl
dūje men sāje śūl vikarāl
tū śatru-dal par ṭūṭ paḍe to
bac nikale, hai kiskī majāl

D'une main, Tu tiens une coupe et de l'autre une épée sans merci. L'ennemi que Tu attaques ne peut T'échapper.

sneh barastā in naynōm se
cāhe vo seṭh ho yā kangāl
terī nasar bandh paḍ jāye to
pal men sab ho jāte nihāl

Tes yeux répandent sur tous, riches ou pauvres, l'amour inconditionnel. Un regard de Toi, et tout rentre aussitôt dans l'ordre.

Lallē Lallē (Tamoul 2015)

lallē lallē lālē ā
lallē lallē lālē ā
lallē lallē lālē lallē
lallē lallē lālē
pīlitirukiveccā koṇḍalkeṭṭatukaṇḍō ā
muttum mālēm kaṇḍō ā
muttum mālēm cinnam cinnam

Avez-vous vu la couronne sur sa tête, la couronne ornée d'une plume de paon ? Avez-vous vu Sa perle et Son collier ? Que c'est beau !

kāyalmīnē tennumbōle nīlakkaṇṇatukaṇḍō ā
ōmal puñciri kaṇḍō

Avez-vous vu le sourire enchanteur de Krishna au teint bleu ? On dirait un poisson qui saute dans la rivière !

ā ōmal puñciri minniminni
uṇṇikaṇṇā āṭū ā uṇṇikaṇṇā āṭū

Danse, petit Krishna ! O petit Krishna, danse avec Ton sourire enchanteur resplendissant !

māratte mālakkeṭṭinu
vāṭāmalaruṇḍō ā cūṭān malaruṇḍō ā

Y a-t-il des fleurs fraîches pour faire une guirlande et en parer Son petit buste ?

cūṭum malarukaḷ piñci piñci
uṇṇikaṇṇā āṭū ā uṇṇikaṇṇā āṭū

Danse, O petit Krishna, qu'importe si les fleurs tombent de la guirlande !

maññāpizhiññānalla kōṭippaṭṭatukaṇḍō ā
ponnarayāṇam kaṇḍō ā

Avez-vous vu Son vêtement de soie jaune ? Avez-vous vu Sa ceinture en or ?

ponnarayāṇam cillam cillam
uṇṇikaṇṇā āṭū ā uṇṇikaṇṇā āṭū

Quelle magnifique, magnifique ceinture en or ! O petit Krishna danse, petit Krishna danse !

ōmal coṭiyil muttum ōṭattaṇḍatu kaṇḍō ā
ponnin kaivaḷa kaṇḍō

Avez-vous vu la flûte de bambou qui embrasse Ses lèvres ? Avez-vous vu les bracelets en or de Krishna ?

ponnin kaivaḷa cinnam cinnam
uṇṇikaṇṇā āṭū ā uṇṇikaṇṇā āṭū

Ces bracelets en or sont si beaux ! Petit Krishna danse, O petit Krishna danse !

kālilaṇiññānallā kiṅgiṇikālttaḷakaṇḍō ā
muttaṇi kiṅgiṇi kaṇḍō ā

Avez-vous vu les bracelets qu'Il porte aux chevilles? Avez-vous vu la perle ?

muttaṇi kiṅgiṇi cillam cillam
uṇṇikaṇṇā āṭū ā uṇṇikaṇṇā āṭū

Cette perle ! Splendide, splendide ! Petit Krishna danse, O petit Krishna danse !

nīlakkaṭambin mītē nīlakkāraṇi kaṇḍō ā
pāṭum pāṭṭukaḷ kēṭṭō ā

Avez-vous vu l'Enfant au teint bleu qui danse dans l'arbre kadamba, au feuillage bleuté ?

pāṭum pāṭṭukaḷ koñci koñci uṇṇikaṇṇā āṭū ā uṇṇikaṇṇā āṭū

Avez-vous entendu Son chant ? Petit Krishna danse, O petit Krishna danse !

cembaññiñcāraṇi pādam
cēlil veykkaṇa kaṇḍō ā

Avez-vous vu comme Ses doux petits pieds dansent ? C'est magnifique !

ā cuvaṭukaḷ vaykkū tañci tañci
uṇṇikaṇṇā āṭū ā uṇṇikaṇṇā āṭū

A pas rythmés, danse petit Krishna, danse !

veṇṇakkāy nīṭṭum kayyukaḷ
tiṇṇameṭuppatu kaṇḍō ā
kaṇṇukaḷ cimmaṇa kaṇḍō ā

Avez-vous vu les menottes qui se tendent pour avoir du beurre et prennent tout ce qu'elles peuvent contenir ?

kaṇṇukaḷ cimmi cimmi cimmi
uṇṇikaṇṇā āṭū ā uṇṇikaṇṇā āṭū

Avez-vous vu les petits yeux qui cillent ? Ils cillent, cillent ! Petit Krishna danse, O petit Krishna danse !

mullappum pallukaḷ kāṭṭi
ottu cirippatu kaṇḍō ā
tatti naṭakkaṇa kaṇḍō ā

Avez-vous vu Son sourire et Ses dents, blanches comme le jasmin ?

tatti naṭannu pinnēm pinnēm
uṇṇikaṇṇā āṭū ā uṇṇikaṇṇā āṭū

Avez-vous vu Ses petits pas d'enfant ? A petits pas, danse, O petit Krishna, danse !

Lemmu nara kishōramā (Telugu 2015)

uddharēd ātmanātmānam
nātmānam avasādayēt

Que chacun élève sa conscience vers le Soi ; que personne n'abaisse sa conscience (vers ce qui est transitoire)

lemmu nara kishōramā mēlukō!
nīvē ātmavani telusukō!

Lève-toi et éveille-toi, O lion mortel ! Sache que tu es l'atman, le Soi.

gamyam cēruvaraku āgaku!
ātmavu! ātmavu nīvu! nīvē ātmavu!

Ne t'arrête pas avant d'avoir atteint le but. Atman ! Atman ! Tu es l'Atman !

māyā pañjaramu viraci garjiñcu!
hṛdayadaurbalyamu vīḍi ghōshiñcu!

Libère-toi de la cage de l'illusion et rugit ! Surmonte ta faiblesse et proclame la Vérité !

nī anantaśaktini bāhyaparici cūpiñcu!

Manifeste l'énergie infinie qui est en toi !

viśvamu nīvēnani erukato jīviñcu!
ātmavu nīvē ātmavu!

« Tu es en vérité l'univers » Vis avec cette conscience ! Tu es l'Atman !

dēhamu nīvukādu ātmavi nīvu!
bandhamu nīkulēd

Tu n'es pas le corps, mais l'Atman ! Tu n'es pas enchaîné : tu es l'Atman !

ahamunu vīḍicūdu sākṣhivi nīvu!
ānandasvarūpuḍavu amṛtaputruḍavu!

Renonce à l'ego et sache que tu es le témoin. Tu es l'incarnation de la Béatitude, l'héritier de l'Immortalité.

ātmavu nīvē ātmavu!

Tu es l'Atman !

Madhura mohanam (Sanscrit)

madhura mohanam manojña sundaram
vimala vigraham vibudha vanditam
hṛdi tamoharam cāru cinmayam
jagannātha he yacha darśanam

O Seigneur de l'univers, bénis-moi, accorde-moi Ta vision ! Les sages vénèrent Ta forme douce et pure, enchanteresse, d'une captivante beauté ; Tu dissipes les ténèbres du cœur, Ta nature est conscience.

vṛṣakulē vibhūm gopa raṇjanam
divya bhūṣaṇam pītāmbaram
sahaja śobhitam parama pūjitam
bhajati mānasam tava padāmbujam
jagannātha he yacha darśanam

Chef du clan des vachers, Ta présence fait leurs délices, Tu portes des ornements divins et des habits jaunes. Tu rayonnes de splendeur, Tu es digne de la plus haute adoration et mon cœur vénère Tes pieds de lotus. O Seigneur de l'univers, bénis-moi, accorde-moi Ta vision !

śrī kṛṣṇā muraḷīdharā veṇugopālā
jagadīśā janārdanā jaganmohanā

Seigneur Krishna, Joueur de flûte, petit vacher, Seigneur de l'univers, Janardana, Tu enchantes le monde entier.

khala vidūṣaṇam doṣa vāraṇam
punita pāvanam bhava vimocanam
bhakta mānase śīghra gāminam
bhajati mānasam tava padāmbujam
jagannātha he yacha darśanam

Destructeur des êtres vils et de la négativité, très saint, Tu nous libères de cette existence pleine de souffrances. Tu accours dans le cœur rempli de dévotion. Mon cœur vénère Tes pieds de lotus.

Māhā nāṭakam (Telugu)

māhā nāṭakam, māyā nāṭakam
māhāmāyi āṭe jagannāṭakam

La pièce grandiose, la pièce de théâtre illusoire, la pièce universelle jouée par la Mère d'illusion !

vividha pātralu sṛṣṭiñci
triguṇa mulatō āṭe nāṭakam
evari pātrayento yentakālamō
antu teliyani vicitra nāṭakam

Tu inventes des rôles variés, Tu joues avec les trois gunas. A quel point sommes-nous impliqués et pour combien de temps ? O drame merveilleux, infini.

jīvitam lō natiñci, nāṭakam lō jīviñci
amma manato āṭu nāṭakam
manapātrakku jīvampōsi manalanu
māyā bhrāntulanu cēsina nāṭakam

Nous jouons dans la vie et nous vivons dans la pièce, le jeu où Mère joue avec nous. Elle donne vie à nos rôles, Elle joue avec nous, Elle nous plonge dans la confusion !

Manan karo man (Hindi 2015)

manan karo man yatn karo man
ahankār ko dūr karo
guru caraṇan kā smaraṇ karo man

Réfléchis, O mon mental ! Rappelle-toi : Prends de la distance par rapport à l'ego. Médite sur les pieds de lotus du Guru.

guru vacanan kā dhyān dharo
hṛday me prem aur
bhakti bharo man
bhav sāgar kā pār karo

Médite les paroles du Guru, remplis ton cœur de dévotion et traverse l'océan du *samsara*.

bacpan khelat sovat khoyā
yauvan māyā moh me ḍuboyā
arth kām aur yaś ke lobhī
vṛddh bhayo api sudhi nahi pāyā

L'enfance est gaspillée dans le sommeil et dans les jeux, la jeunesse noyée dans les désirs illusoires. Occupés à courir après l'argent et la gloire, nous sommes devenus vieux et n'avons pas encore réalisé la vérité.

vyarth gavāyā jīvan sārā
ahankār kā bhār baḍhāyā
nām prabhu kā smaraṇ na āyā
ab to jāgo manvā morā

La vie que nous avons menée n'a aucun sens ; gonflés d'orgueil, jamais nous n'avons pensé au Seigneur. Il est encore temps, réveille-toi, O mon mental.

guru caraṇan kā smaraṇ karo man
guru vacanan kā dhyān dharo

Médite profondément sur les pieds de lotus du Guru, contemple les paroles du Guru.

Manasavāca karmaṇā (Kannada)

āgalī vivēka sūryana udaya
araḷali hṛdaya kamala vimala

Puisse le Soleil du discernement se lever ; puisse la fleur pure du cœur s'épanouir.

manasavāca karmaṇā śaraṇembenu
nina ichage śaraṇu sankalpake śaraṇu

Je m'abandonne à Toi, O Mère, en pensée, en parole et en acte. Je m'abandonne à Ton désir et à Ta volonté.

śaraṇembenu kṛpārāśiyē
śaraṇembenu kṛpārāśiyē

O grâce débordante, Mère, je m'abandonne.

attitta nōḍadantē andhēyāgisammā
nina sānnidhyadi manava nillisu
bērellu aleyadantē bandhiyāgisammā
nina sēve mātradi tanuva nillisu

Rends-moi aveugle, que mon regard n'aille pas errer ça et là, puissent mes pensées être constamment fixées sur Toi. Fais-moi prisonnier, que je n'aille pas vagabonder. Puisse mon corps être constamment à Ton service.

nānu nānendu nuḍidare dēvī
'nina pāda' vendu tiddi nuḍisu
nānu māḍide nendare dēvī
'ninna prasāda' vadendu nuḍisu

Si je dis « moi, moi, » corrige-moi, que je dise : « Tes pieds. » Si je déclare : « J'ai fait cela » corrige-moi, que je dise : « C'est Ton prasad. »

Manasē kēḷū (Kannada 2015)

manasē kēḷū
bēgane mane sēru

Écouté, O mon mental, rentre vite à la maison.

kāla sarídide dāri uḷidide
bēga bēgane naṭemunde

Le temps passe, mais le chemin reste à parcourir. Marche vite, avance.

manasē kēḷū
bēgane mane sēru

Écoute, O mon mental, rentre vite à la maison.

rāgadvēṣagaḷali
kāla kaḷeya bēḍa

Ne perds pas ton temps avec les passions et les aversions.

iṣṭāniṣṭāgaḷali
dinava dūḍa bēḍa

Ne gaspille pas tes journées à te laisser gouverner par l'attraction et la répulsion.

māyeyoḍḍuva belage
kāla toṭaradente

Ne trébuche pas sur l'obstacle de *maya*

nāmasmaraṇe baladi
munda munda kenaṭe

Continue à avancer, en employant la force tirée du souvenir du nom de Dieu.

manasē
ō manasē

O mon mental, O mon mental.

amma iruvaḷalli bā
entu karaytihaḷu. . .

Amma est là. Elle t'appelle.

māte maṭilu tāne
namagella nijada maneyū

Le giron de Mère n'est-il pas ta véritable demeure ?

Manitā iraivan (Tamoul)

manitā iraivan tān inbavūttru - atai
nī arintu endrum pōttru

O Homme ! La source réelle de béatitude, c'est le Suprême. Prends-en conscience et loue le Suprême.

maraikaḷ nāngum itarkku sāndru
atai nī arintu karai akattru
manatil māsennum karai akattru
itanālē uṇaralāmē inba ūttru

Les quatre Védas en sont la preuve. Comprends-le et efforce-toi de libérer ton mental de ses impuretés. C'est ainsi que tu trouveras la source réelle de la béatitude.

orupōdum utavātun ulaka pattru
itai nī arintu appattrakattru

Les biens de ce monde ne sont pas de véritables bienfaits. Comprends-le et cultive le détachement.

unnuḷḷil uraikintra irai uṇarttu
itanālē uṇaralāmē inba ūttru

Invoque le Suprême qui demeure en toi. C'est ainsi que tu trouveras la source réelle de la béatitude.

Mano nā visāri (Punjabi)

mano nā visāri tere dar te āye hā
mātā merā kaun sahārā tere sivā

Daigne me garder dans Ton cœur ; je suis arrivé jusqu'à Ta demeure. O Mère, y a-t-il quelqu'un d'autre dans ma vie ?

meri bigaḍi banāye kaun (tū hi banāye mā)
mere dard miṭāye kaun (tū hi miṭāye mā)
merā kaṣṭ haṭāye kaun (tū hi haṭāye mā)
mainu apnā banāye kaun (tū hi banāye mā)
merā viṣay vikār haṭāye merī mā
tū meri mā (jai devi mā)

Qui résout tous mes problèmes? Toi seule, Mère. Qui dissipe ma douleur et mes chagrins ? Toi seule, Mère. Qui anéantit mes inquiétudes et mes soucis ? Toi seule, Mère. Qui fait de moi Son enfant ? Toi seule, Mère. Toi seule mets fin à mes attachements.

banke tārā camko akkhā vich
dūr hove māyā dā kohrā
dekh tanū akhā bhar āyiyā
caraṇ pivā mai tere to to maiyyā
caraṇ pivā mai tere to to maiyyā

Comme une belle étoile, daigne briller dans mes yeux. Le brouillard de l'illusion disparaît. Il suffit que je Te regarde pour que mes yeux se remplissent de larmes. En lavant Tes pieds de ces larmes, je veux boire le nectar divin.

ik tū hī is duniyā vich, samjhe dil dī bolī
bākī sāre matlab de, riśtte nāte cūṭhe
mainū apṇe caraṇā vich biṭhāle hun māyiye
mainū apṇe dil vich, chipāle hun māyiye
mainū apṇe dil me, chipāle hun māyiye

Tu es la seule qui comprenne le langage de mon cœur. Les autres sont égoïstes et les relations humaines ne sont pas réelles. Donne-moi refuge à Tes pieds divins, Mère. Cache-moi dans Ton cœur !

Manujkāy hāthī (Hindi)

manujkāy hāthī sirvālā
śok moh nāśak śiv bālā
ādidev vancit varadātā
dīn nāth vande gaṇarāyā

Tu as un corps humain et une tête d'éléphant, Fils de Shiva, Tu détruis le chagrin et l'attachement. O Seigneur suprême, Tu accordes des faveurs et protèges les malheureux ; nous nous prosternons devant Toi, Seigneur des éléphants.

śaraṇam śaraṇam śaraṇam śaraṇam śaraṇam
ganeśa śaraṇam

O Ganesh, nous prenons refuge en Toi !

cāra ved terī guṇ gāthā
tīn lōk vyāpit tavakāyā
dān bhāv mere man jāge
bār bār vande pad terā

Dans les quatre Védas et dans les trois mondes, on chante Tes louanges. O Seigneur qui éveille en moi l'attitude du don, je me prosterne à Tes pieds encore et encore.

gyān dān denā tum devā
nāc gān rasikā sukumārā
yōgirāja jaya dīnadayālā
dījiye caraṇa dāsya hamēśā

O Seigneur, bénis-moi, accorde-moi la connaissance, Toi que la beauté de la musique ravit. O Roi des yogis, victoire à Toi, Dieu plein de compassion. Accorde-moi la bénédiction d'être le serviteur de Tes pieds !

Mariyamma Mariyamma (Samayapurattale) (Tamoul 2015)

samayapurattāḷē
sankaṭankaḷ nīkkiṭamma

O Mère qui demeure à Samayapuram (nom d'un temple du Tamil Nadu), daigne écarter les obstacles.

kaṇṇpurattāḷē
kavalaikaḷ pōkkiṭamma

O Mère qui réside à Kannapuram (nom d'un temple), daigne balayer nos soucis.

āyi mahāmāyi
aruḷkaṇṇai kāṭṭiṭamma

O grande Mère, regarde-nous avec Tes yeux pleins de compassion.

kāḷi triśūli kaṇ tirantu
pārttiṭamma

O Kali, Toi qui tiens le trident, ouvre les yeux et regarde-nous.

māriyamma māriyamma
śankarittāyē āyiram kaṇ koṇḍavaḷē

O Mère Shankari, Mariyamma, Toi qui as des milliers d'yeux.

tūya uḷḷam pūṇḍavaḷē māriyammā
tumbattai nī tuṭaittiṭa vā vā

O Mariyamma, déesse au cœur pur, Tu tiens des feuilles de *nim* (aux propriétés curatives)

vēppilai vīsiyē vā vā
nōyivēdanaikaḷ ellām tīra

Daigne venir nous libérer de nos souffrances.

karankaḷil tīccaṭṭi
ēntivantōm enkaḷuḷḷam
kuḷirntiṭa nī vā

Nous T'apportons des pots où brûle une flamme ; daigne nous réjouir en nous libérant de nos maladies.

kāttrāki nīkkamara enkum niraintavalē
ārāki pāvavinai tīrkka pirantavaḷē

Tu es omniprésente, comme le vent ; Tu es venue telle une rivière pour laver nos péchés.

aruvāki uruvāki karuvāki tiruvāki
pattrarukkum paruporuḷē māriyammā

Tu as une forme, Tu es aussi le Sans-forme, Tu es la cause ultime et la richesse.

sundari antari purantari bhayankari

Tu accordes ce qui est propice ainsi que la prospérité, Tu détruis la peur, O grande Mère !

jagam pukazh puṇyavati
akamalarum pankajākṣi

O Déesse aux mérites infinis, le monde entier chante Ta gloire ; O Déesse aux yeux de lotus,

akamanatil iruḷakattrum
kāmini kāmākṣi

Tu fleuris dans les cœurs, Toi qui exauces les désirs, daigne balayer les ténèbres qui règnent dans nos cœurs.

kavipāṭa kaḷiyāṭa
manamāṭa uraintāṭa

Nous T'appelons de tout notre cœur par nos chants et nos danses,

kanakāngi karumāri
māriyammā

O Karumari, Mariyamma au teint doré.

sundari antari
purantari bhayankari

Tu accordes ce qui est propice ainsi que la prospérité, Tu détruis la peur, O grande Mère !

matiyōṭu manam
makizhum pārin paramporuḷē

O Déesse suprême de l'univers, Tu réjouis le mental et l'intellect.

matimōha māyainīkkum
māyā svarūpiṇiyē

Tu es la source de *maya*. Daigne nous libérer de l'illusion.

matiyil nin tirunāmam
uraintiṭa vēṇḍumammā

Que Ton nom soit installé dans nos cœurs !

matillōka iṭarillāmal
kāttiṭum māriyamma

O Mariyamma, daigne nous sauver des pièges du monde

sundari antari
purantari bhayankari

Tu accordes ce qui est propice ainsi que la prospérité, Tu détruis la peur, O grande Mère !

sundari antari purantari bhayankari
śankari śrīkari śivankari abhayankari

Tu accordes ce qui est propice ainsi que la prospérité, Tu détruis la peur, O grande Mère !

sundari antari purantari bhayankari
śankari śrīkari śivankari abhayankari
āyi mahāmāyi
karumāri triśūli kāḷi ankāḷi
pozhivāyē aruḷmāri

Toi qui tiens le trident, Kali, Ankali, daigne répandre ta grâce !

Māya lōniki neṭṭakamma (Telugu)

māya lōniki neṭṭak-amma!
ō mahāmāyi
daya cūpi kanipeṭṭ-ammā!
nī biḍḍan-ammā

O grande Magicienne, ne me jette pas dans l'illusion ! Sois compatissante et protège Ton enfant !

māya bommala madhya dimpiti-vammā
māyalāṭal-āḍamanṭi-vammā

Mère, Tu m'as placée au milieu de tous ces jouets illusoires et Tu m'as laissée jouer à tous ces jeux irréels.

āṭalalō lāgabaṭi ninnu maracitin-amma!
āṭanē nijam-anukoni bratikitin-amma

Absorbée par ces jeux, je T'ai oubliée. J'ai passé toutes ces années à prendre l'illusion pour la réalité.

bommalāṭalō alasi pilicitin-ammā
kottabommalu kuni ichitiv-ammā !

Lassée de ces jeux, je T'ai appelée et Tu m'as donné de nouveaux jouets.

ninnu maraci āṭalāḍi visigitin-amma
āṭalō yēmunnati ani telisinat-amma

Je n'ai plus envie de jouer et de T'oublier. J'ai compris que tous ces jeux étaient vains.

ī bommalu nākoddu
ī āṭalu nākoddu!
manic-ceḍalu nākoddu
bhava bandhālu nākoddu!

Je ne veux plus de ces jouets ! Je ne veux plus de ces jeux ! Je ne veux ni bien ni mal ! Je ne veux plus des attaches de ce monde !

māyā prapancam nākoddu!
janma maraṇālu nākoddu!
amma kāvāli! nāk-amma kāvāli!
amma kāvāli! amma prēma kāvāli

Je ne veux plus de ce monde illusoire ! Je ne veux pas de la naissance et de la mort ! Je veux Amma, je veux l'amour d'Amma ! Je veux Amma, je veux l'amour d'Amma !

Mere guruvān di vāṇi (Punjabi)

mere guruvāṅ di vāṇi sun lo – mere
guruvādi vāṇī sun lo
e hegī – cāṣnī nālon mīṭhī
e hegī - pānī nālon patlī
e hegī - sāre jagtī nyārī

Écoutez les paroles de mes grands maîtres ! Elles sont à la fois plus douces que le miel et plus fines que l'eau. Ces paroles ne sont pas de ce monde !

o bande tū hī karle, is dā simraṇ
savār le pāgānū sunkar kare vacan
lagjā pār tū muṣkilānū lāng kar
tarjā tū is jahāz te caṭkar - o

O Homme, apprends toi aussi ces paroles et chante-les. Chéris ton bonheur en écoutant ces paroles de vérité. Tu peux traverser l'océan de la transmigration en les écoutant et en y adhérant !

is vāṇī vich pariyā amarat
is dī rāh jo chalyā, o sokhā
nā rahe terā paisā mān dē śarīr
na pucche chūṭṭe sambandhi te śarīkh

Ces mots débordent de nectar spirituel ; qui les a pris pour ligne de conduite a rendu sa vie facile ! Richesse, réputation, corps, rien de tout cela ne restera ; ni les amis ni la famille ne nous suivront !

Mizhinīrilāzhnna (Malayalam)

mizhinīrilāzhnna manatārilinnu
madhuvillayende jananī
tazhayāteyonnu tuṇayāyivannu
tazhukīṭukenne sadayam

O Mère, il n'y a pas de miel dans la fleur de mon cœur ; elle se fane dans les pleurs. Ne m'abandonne pas, viens à mon secours et caresse-moi avec compassion.

verute viriñña vanasūnamoṭṭu
niramārnnatalla vanajē
padatārilēykku patiyānorittu
kanivēkiyamba kaniyū

O Vanaja (un des noms de la Mère divine) les fleurs sauvages de mon cœur se sont épanouies au hasard et ne sont pas très colorées. Daigne me témoigner un peu de miséricorde afin que je puisse offrir la fleur de mon cœur à Tes pieds de lotus.

iruḷārnna neññiloḷiyāyirunnu
gatiyēkiṭunna jananī
karuṇākaṭākṣam aṭiyannu nalki
arivēkiyennilamarū

O Mère, verse un peu de lumière dans ce cœur enténébré et guide-moi vers une destinée meilleure. Que Ton regard plein de compassion se pose sur le malheureux que je suis, éveille en moi la connaissance, viens demeurer dans le temple de mon cœur.

tava pādarēṇuvaṇiyān enikkyu
varadānamēku varadē
bhavasāgarattil alayunnorende
azhal nīkkiyennil aṇayū

O Varada, (Celle qui accorde des faveurs), bénis-moi, fais que je puisse m'enduire de la poussière de Tes pieds. Apaise la souffrance de cet enfant, perdu dans l'océan du samsara (le cycle des morts et des naissances) et fais que je m'unisse à Toi.

Muraḷī manohara (Hindi 2015)

muraḷī manohar, mādhava
yadurājanandan sundarā

O Madhava, OKrishna, petit joueur de flûte

karuṇādramānas mohanā vrajalokanāyak nandanā

O Fils du roi des Yadous, bel enfant du Vraj, Ton cœur est plein de compassion !

bolo mādhav. gāvo keśav
yādavā madhusūdanā, bṛajnandanā

Chantons les noms de Madhava, chantons les noms de Krishna.

rādhākṛṣṇā gopīkṛṣṇā
jay jay muraḷī kṛṣṇa

O Radha Krishna, Gopi Krishna, gloire à Krishna !

vanamālabhūṣaṇ bhūte
śiśūpālsūdan śrīpate

Celui qui porte une magnifique guirlande, l'Époux de Lakshmi, Celui qui a mis fin aux méfaits du méchant Shishoupala.

paśūpālbālak śyāmaḷā
madhurāpurādhipa mangaḷā

O petit vacher au teint sombre, Tu es propice, Tu résides à Mathoura.

Murugā vēlmurugā (Tamoul)

kaṇmaṇi murugā karuṇāsāgarā murugā murugā
vēlavā vaṭivēlavā vinaiyarukkum māl marugā
vēl vizhiyāl bālakā daṇḍāyudhapāṇiyē

O précieux Mourouga, océan de compassion, petit enfant d'Ouma, Tu as les yeux perçants, Ton arme est un bâton de bois.

murugā vēlmurugā vettrivēlazhakā
kumarā skandā vēlā mālmarukā
vēlavā vaṭivēlavā vinaiyarukkum mālmurugā
vēlvizhiyāl bālakā daṇḍāyudhapāṇiyē

O Mourouga, Tu tiens une lance, magnifique est Ton apparence, O Neveu du Seigneur Vishnou. Tu détruis les karmas des vies passées, petit garçon d'Ouma, Tu as les yeux perçants, Ton arme est un bâton de bois.

sinkāravēlavā śivaśakti bālakā
sinkārakāvaṭiyai eṭuttu vantōmē
sinkārakāvaṭiyil tēnum tinaiyum vaittu
sinkārakāvaṭiyai arppaṇittōm

Enfant de Shiva et de Parvati, Tu portes une lance magnifiquement décorée. Voici que nous portons la splendide arche de bois (*kaavadi*), que nous avons remplie de miel et de millet. Nous T'offrons humblement ces denrées, O Seigneur !

suṭṭa veṇṇīr pūsi azhakanāy vantāy
suṭṭapazham tantu pāṭṭiyin tamizh keṭṭāy
jñānappazhamē nīyē kōpamkoṇḍu āṇḍiyānāy
jñānacuṭarē navamaruntē anpānāy

Ton corps est paré de pure cendre blanche, O bel enfant ; Tu as joué avec la grand-mère tamoule en lui offrant des baies très épicées (fruits de la connaissance). O Incarnation de la connaissance, en colère, Tu as pris l'aspect d'un renonçant. Flamme de la connaissance, panacée universelle, (sous la forme des neuf herbes médicinales) Tu es Amour.

sūravadham seytu taivānai maṇamuṭittāy
kizhavanāka urumāri kuravaḷḷi karampiṭittāy
tantaikku praṇavamōti satguruvāy ninṭrāy
sēytanai kāttiṭuvāy tirumurugā

Tu as tué le démon Surapadman et Tu as épousé Theivaanai. Déguisé en vieillard, Tu as épousé la gitane Valli. Tu as révélé à Ton Père le sens du mantra « Om. » Parmi les satgurus, Tu as la place d'honneur.

Nam japo (Hindi 2015)

nām japo nit hari kā pyāre
nām se darśan milte nyāre

Cher ami, chante le nom de Hari. Ce nom seul révélera Sa forme !

nām se hi cit kā ho śodhan
nām hi har sādhak kā sādhan

Seul le nom du Seigneur a le pouvoir de purifier le mental ; c'est l'outil de tous les chercheurs spirituels.

nām ki mahimā śiv hi jānē
nām ko rām se ūpar māne

Seul Shiva connaît la gloire du nom du Seigneur : il accorde plus d'importance au nom de Rama qu'à Rama Lui-même !

nām japat pāpom
kā kṣay ho
nām raṭat man nāmī may ho

En chantant le nom du Seigneur, on efface son mauvais karma et le mental se fond dans le Divin.

nām ki mahimā kahi na jāye
nām jape so hi gati pāye

Nul ne peut exprimer la gloire de ce nom. Quiconque le répète atteint la vérité !

rām ne kuchko hi tārā thā
nām ne to lākhom tāre

De Son vivant, Rama n'a donné la libération qu'à peu d'êtres, mais Son nom en a libéré des millions.

sākṣi rahe he cānd sitāre
rām bhajo yā bhajo murare

La Lune et les étoiles en sont les témoins, chantons donc le nom divin, que ce soit Rama ou Murari.

bolo rām rām rām sītā rām rām rām

Gloire à Rama, à Sita

Namo namah (Telugu)

namo namah namo namah kāli caranālu
mā manasuna koluvaina kāli caranālu

Nous nous prosternons aux pieds sacrés de Mère Kali, installés dans le temple de notre cœur !

vairāgya sīmalo āḍu caranālu
kālidāsu pūjinche kāli caranālu
bangāru andela śyāma caranālu
mā manasuna koluvaina kāli caranālu

Ces pieds dansent dans la demeure du détachement. Les pieds de Kali sont vénérés par le poète Kalidasa. Ces pieds couleur d'ébène, parés de bracelets de cheville en or, illuminent le sanctuaire de notre cœur.

yenalēni andāla jilugu caranālu
dharani dēvi cumbince kāli caranālu
manasune mōhinche madhura caranālu
mā manasuna koluvaina kāli caranālu

La Terre notre Mère baise ces pieds sacrés à la beauté incommensurable. Ces pieds si doux fascinent les dévots. Ils illuminent le sanctuaire de notre cœur.

bhaktiki muktiki gūdu caranālu
ārtula kalpa taruvu kāli caranālu
padilamuga koluvare talli caranālu
mā manasuna koluvaina kāli caranālu

Ces pieds sacrés sont le nid de la dévotion et de la Libération. Ils exaucent tous les désirs des pauvres humains ignorants. Avec une foi inébranlable, adorons les pieds sacrés de Mère. Ils illuminent le sanctuaire de notre cœur.

Nannad-ennuvu-dilla (Kannada 2015)

nānu embuvudilla satyadi
nannadu embuvudilla
nānē ennudē illā

En vérité, le « moi » n'existe pas, rien n'est « mien », il n'y a pas de « je ».

tanuvu manavu nannadu endalli
tanuvu manavu daṇivudalla

Si le corps et le mental sont miens, ne s'épuisent-ils pas ?

tanuvige tāraṇa bāradalla
manasige mukti dorakadalla endu

Le corps ne rajeunit pas, le mental ne trouve pas de consolation, jamais.

tanuvu manavu ninnadu endalli
iha para dvandva innilla

Si le corps et le mental Te sont offerts, alors il n'y a plus de dualité.

ida nenedare dukhavilla -
āga nīnallade bērondilla ammā

Il n'existe alors rien d'autre que Toi, Amma, aucune souffrance dans le souvenir de cette vérité.

Narttana māṭō naṭarāja (Kannada 2015)

āngikam bhuvanam yasya
vācikam sarvavāṅmayam

Celui dont les mouvements sont l'univers entier, Celui dont le langage est le langage (de l'univers)

āhāryam candratārādi
tam vandē sātvikam śivam

Celui dont les bijoux sont la Lune et les étoiles ; c'est Lui que nous vénérons, Shiva, la Sérénité même !

narttana māṭō naṭarāja
kīrttana hāṭide bhutaga

O Nataraja danse, Tes compagnons chantent pour Toi !

takatayya-tayya śivāya namaḥ ōm
dhimi-dhimi kiṭatōm śivaśiva hara ōm

Je me prosterne devant le Seigneur Shiva, le Seigneur de la danse

bam bam bhōlā ō naṭarāja

O Seigneur de la danse, nous T'adorons par le son des tambours.

kālakāla kālabhairava
kaṭegāṇisō kāla

O Seigneur, Toi qui infliges la mort à la Mort même, O Kalabhairava, daigne mettre fin au Temps.

śmaśānavāsi vyōmakēśi
samsāra dāṭisu bā

Tu résides dans les lieux de crémation, et le ciel est Ta chevelure ! Aide-nous à traverser l'océan du *samsara* (la transmigration).

ō mahākāla ō bhavahara
dikkanne dharisida nīlalōhita dāri tōrō dēvā

O Seigneur, Tu portes les quatre directions, Tu as la gorge bleue, indique-nous la voie hors du *samsara*.

ruṇḍamāladhara
ō rudrarūpa rakṣisu śaraṇaranu

O Seigneur à la forme féroce, Tu portes une guirlande de crânes, protège-nous, nous nous abandonnons entièrement à Toi.

ō mṛtyuñjaya ō harōhara

Gloire à Shiva, gloire au vainqueur de la mort !

sṛṣṭi sthiti marma bhēdisō mahā. . . layakara
tāṇḍava kuṇiyo śiva śiva ō naṭarāja

O Seigneur, Cause de la grande dissolution, daigne nous révéler les secrets de la création et de la préservation !

mahālayakara śrī naṭarāja
tāṇḍava kuṇiyō śiva ō naṭarāja

O Nataraja, Tu accomplis la dissolution ultime, daigne exécuter la danse *tandava*.

ō jaṭadhāri tāṇḍava kuṇiyō śiva
triśūladhāri tāṇḍava kuṇiyō śiva

O Toi qui portes les cheveux emmêlés, exécute la danse *tandava*, Toi qui portes le trident, exécute la danse *tandava* !

ō gangādhāri tāṇḍava kuṇiyō śiva
tripunṭradhāri tāṇḍava kuṇiyō śiva

Toi qui portes le Gange, exécute la danse *tandava* ! Tu portes de la cendre sacrée sur le front et la Lune dans Tes cheveux, exécute la danse *tandava*.

ō nāgadhāri tāṇḍava kuṇiyō śiva
ō tripurāri tāṇḍava kuṇiyō śiva

O Seigneur aux trois yeux, Tu portes des serpents en guise de guirlande, exécute la danse *tandava* ! Tu as détruit les trois cités, exécute la danse *tandava* !

ō naṭarāja ō naṭarāja
ō sōmadhāri tāṇḍava kuṇiyō śiva
trinētradhāri tāṇḍava kuṇiyō śiva

Tu portes le croissant de Lune, O Seigneur aux trois yeux, exécute la danse *tandava* ! Tu as trois yeux, exécute la danse *tandava* !

ō ḍamarudhārī tāṇḍava kuṇiyō śiva
trikāladhāri tāṇḍava kuṇiyō śiva

Tu portes le *damaru* (petit tambour), exécute la danse *tandava* !
Tu portes le passé, le présent et le futur, exécute la danse *tandava* !

Navavidha bhakti (Telugu 2015)

navavidha bhakti mārgamulatō
jaganmātanu koluvavē manasā

O mon mental, adore la Mère de l'univers en empruntant les neuf voies de la dévotion !

bhaktivinā san-
mārgamu ammanu
cēragaladē manasā. . .

O mon mental, existe-t-il une voie meilleure que la dévotion pour atteindre la Mère divine ?

amma bhāgavatamunu
sadā śraddhatō
śravaṇamu ceyyavē manasā

Écoute avec foi le récit de la vie de la Mère divine, O mon mental.

ammā ammā anucu prēmatō
kīrttana ceyyavē manasā

Chante avec amour la gloire de la Mère divine, chante en extase !

ammā mantramu
sadā smaraṇamu
cēsi tariñcu manasā. . .

Médite sur le mantra de la Mère divine et sois ainsi sanctifié, O mon mental !

amma pādamulanu
yadalō nilupukoni
śaraṇu kōravē manasā

Installe les pieds de lotus de la Mère divine dans ton cœur, prends refuge à Ses pieds, O mon mental !

ammanu arciñci pujiñci pilaci
dhyānamu ceyyavē manasā

Accomplis l'archana à la Mère divine, invoque-La par Ton adoration et médite sur Sa forme,

jagamunu ammagā
cūsi vandanamu
cēsi sēvimpavē manasā.

O mon mental ! Perçois ce monde comme la Mère divine, prosterne-toi avec révérence devant tous les êtres et sers-les.

ambādāsuḍaina annī
amma kāryamu lagunu manasā

Si tu deviens le serviteur de Mère, toutes tes actions deviennent l'œuvre de la Mère divine, O mon mental !

ammatō sakhyamu
enni janmala puṇyapalamō manasā

Ce contact avec la Mère divine est le fruit de nombreuses actions méritoires accomplies dans des vies précédentes.

ammanu nīlō pratiṣṭhiñcukoni
amṛtapadam cēru
manasā.

En installant fermement la Mère divine dans ton cœur, atteins la demeure de la béatitude éternelle, O mon mental !

Navilu gariya nayanada (Kannada 2015)

navilu gariya nayanada kṛṣna
nīlavarna navilina kṛṣna

O Krishna, Tes yeux ont la forme d'une plume de paon, Krishna, au teint bleu paon ;

panchamadā kōgile
kṛṣna ōdi bārō

Toi le rossignol mélodieux, petit Krishna, viens vite !

nagutaliruva navanīta kṛṣna
bāyoḷage brahmānḍa kṛṣna
beṭṭesāku beṭṭakke kṛṣna ōḍi bārō

Krishna, Tu es comme du beurre, Tu souris toujours ; Tu as montré à Yashoda l'univers dans Ta bouche ; viens vite, Krishna, de Ton doigt Tu as soulevé la montagne.

hare kṛṣna

Chantons le nom de Krishna !

nātyavāḍe kāḷinganiruva
pavaḍisalu ṣeśane baruva
bhaktikaḍale kṣīrasāgara ōḍi bārō

Le serpent Kalinga est là pour que Tu danses sur sa tête, le serpent Shesha vient pour que Tu T'allonges sur lui. Viens vite, viens de l'océan de lait de la dévotion.

hokkaḷalli brahmane banda
brahmana amma nīnēnā
dēvakī yaṣodeyā muddu maga nīnā

Brahma lui-même est sorti de Ton ventre ; n'es-Tu pas sa Mère ? N'es-Tu pas le Fils aimant de Dévaki et de Yashoda ?

ādi antya ananta kṛṣna
āladeleya tēluva kṛṣna
ninna koḷalē satchidānanda
viṭṭala kṛṣna

Tu es le Commencement, la Fin, éternel Krishna, Tu flottes sur la feuille de banyan, Ta flûte est la Vérité, la Conscience et la Béatitude, Vittala Krishna.

Nēnu yavaranu (Telugu)

yā devī sarva bhuteśu
mātṛ rūpeṇa samsthita
namastasyai namastasyai
namastasyai namo namaḥ

Salutations à la Déesse suprême, la Mère divine dont tous les êtres sont la manifestation.

nēnu yavaranu nēnu yavaranamma
nēnu nīvukākka inkevaranamma
inkevaranamma inke varanu amma

Qui suis-je ? Qui suis-je, O Mère ? « Je suis Toi ! Je suis Toi ! » Qui d'autre ?

aham ityēva vibhāvayē mahēśīm
aham ityēva vibhāvayē mahēśīm

O Impératrice suprême, permets-moi de méditer sur l'idée : « Je ne suis nul autre que Toi. »

nī caitanya kaṭalilōni
nīṭibuḍakanamma
nī divya tējasulōni cinnikiraṇam amma
nīvanē viśvavṛkṣapu cikuruṭākkunamma
nī sṛṣṭi hāramulōni maṇipūsanamma

O Mère, je suis une bulle minuscule dans l'océan infini de la Conscience qui est « Toi ». O Mère, je suis un infime rai de lumière qui émane de Ta lumière divine, éclatante et splendide. O Mère, je suis une feuille tendre sur l'arbre qui s'étend dans tout l'univers, et qui est Toi. O Mère, je suis une petite perle enfilée sur la guirlande de la création qui est Toi.

rāgadvēṣa mūlaku baddhuṭanaikinamma
śarīra sukha mūlaku vasuḍanaitinamma
māyaku lōpaḍi nīnu nivēnani
maracikinamma amṛtānandamē
na svarūpa mūkadamma

O Mère, je suis prisonnier de l'attraction et de la répulsion. Mère, j'ai succombé aux plaisirs sensuels. Mère, sous le charme de maya (l'illusion), j'ai oublié que « je suis Toi ». O Mère, mon essence, ma nature véritable n'est-elle pas la béatitude immortelle ?

Nīlakamala (Telugu)

nīla-kamala pādāla centana
oka tāmara mogganu nēnu
pūrtigā vikasiñci prēma
parimaḷamē prasarimpa
karuṇimpavē kṛpa varṣimpavē
ammā karuṇimpavē kṛpa varṣimpavē

Je suis un bouton de lotus à Tes pieds de lotus bleus. Accorde-moi Ta grâce, afin que je puisse m'épanouir et répandre le parfum de l'amour.

remma-remmalalō arpiñcetanu
janma-janmalā vāsanalu
okkō remmanē suguṇamugā mārci
śānti suvāsana vedajalla

karuṇimpavē kṛpa varṣimpavē
ammā karuṇimpavē kṛpa varṣimpavē

Chaque pétale que je T'offre est une vasana (tendances latentes accumulées au cours de nombreuses vies). Accorde-moi Ta grâce, afin que je puisse les transformer en qualités divines et répandre le parfum de la paix.

kṣaṇikamē ī jīvitam bhava
tāpamutō vaḍalenu vēvēgam
ī konta samayam nī pādāla nilici
nija ānandamē vyāpimpa
karuṇimpavē kṛpa varṣimpavē
ammā karuṇimpavē kṛpa varṣimpavē

La vie est éphémère, elle risque de s'évaporer à la chaleur du samsara (le monde). Accorde-moi Ta grâce, afin que je puisse demeurer à Tes pieds pendant ce court moment (la vie) et répandre la joie de la pure béatitude.

Nīlakkadamba (Malayalam)

nīlakkadambamarachōṭṭil ninnu
koṇḍōṭakkuzhalu viḷichatārō?
kaṇṇā ennu viḷicha nēram - ponnin
kālchilambocha kēḷppichatārō?

Qui donc joue de la flûte, sous l'arbre bleu kadamba ? Quand j'ai appelé « Kanna ! », qui a fait tintinnabuler à mes oreilles ses bracelets de cheville en or ?

nīḷum niśatannariku patti kaṇṇa
nōṭi vanneṅgoṭṭu maṇḍi vīṇḍum?
ariyāmenikkende ponnukaṇṇā. . . ninne
uḷḷattil pēri naṭannīṭuvān

La nuit tombe. Où Kanna a-t-Il encore couru ? O mon Krishna chéri, bien que Tu sois parti, je sais comment Te porter dans mon cœur !

rāvinu nīlimayērunnu vīṇḍumā
kilukilā ciriyum muzhaṅgiṭunnu
eviṭeyennōrāte ninnu rādha. . . mizhi
ttumbināl kāṭṭikkoṭuttambiḷi

La nuit se fait de plus en plus noire, mais écoutez, on entend de nouveau des éclats de rire. Radha, ignorant d'où venait ce rire, restait immobile, mais le clair de lune lui a révélé où était Kanna !

cārutta veṇmullavallitan pūvukaḷ
rāvin maṭiye alankarikkē
kaṇṇande tēnutta puñciri kaṇḍukaṇḍā-
nandamagnayāy ninnu rādha

Les merveilleuses fleurs de jasmin embellissent le giron de la nuit. A force de contempler le sourire ambrosiaque de Krishna, Radha est entrée dans une extase pleine de béatitude.

Om śrī aho (Marathi 2015)

om śrī aho ! ṣaḍguṇ aiśvaryai
sampann bhāgyavantā
ahō ! ramākāntā śrī viṭhalā

Om Sri O ! Toi qui possèdes les six qualités propices ! Epoux de Lakshmi, O Sri Vitthala !

viṭhal smaraṇ karā, viṭhal
bhajan karā
pāvan nām śrī harī
smaraṇ karā

Rappelez-vous Vitthala, chantez la gloire de Vitthala ! Rappelez-vous et chantez le nom pieux de Sri Hari !

yuga yugānantar
narjanm miḷālā
niścit nāhi hā yōg
parat hōyīl

Après des milliers d'années, tu as obtenu cette naissance humaine ; mais il n'est pas certain que cette chance se représente aussitôt.

lābhlēlā janm viṭhal caraṇī lāvā
nāmsmaraṇ karuṇ sārtaki lāvā

Cherche donc toujours les pieds de lotus de Vitthala et réalise le but ultime de la vie en chantant Son nom.

viṭhal viṭhal pāṇḍurangā
jaya hari viṭhal pāṇḍurangā
viṭhal viṭhal viṭhal viṭhal
viṭhal viṭhal pāṇḍurangā
viṭhal smaraṇ karā

Vithal Vithal Vithal Vithal Vithal Vithal Panduranga
Rappelle-toi Vithala

uṭhā uṭhā jan ho
calā bhakti mārggāvar
sādhan sajjan sakhya kāhi
prāpt hōyīl

Réveille-toi, réveille-toi ! O Homme ! Avance sur la voie de la dévotion (*bhakti yoga*) ; si tu as de la chance tu auras la compagnie d'êtres vertueux,

paṇḍarīnāthācā nām
sankīrttan svar
sōbat nija sadgurucī kṛpā lābhē

Saisis cette opportunité de chanter la gloire de Pandharinatha. Obtient le bénéfice de la grâce d'un véritable *satguru* !

mānav janmācā param
uddēś kēvaḷ
muktī nirvāṇ sādhaṇē,
dusarē nāhī

Sache que le vrai but de la vie humaine, c'est d'obtenir la libération du cycle des naissances et des morts.

sōṭu avidyā bhrānti
viṣaya sukh
samaj re manuja tu
harinām sarv kāhī

Abandonne-donc l'ignorance, l'illusion, la passion. Réalise le Soi, O Homme ! Le nom de Hari est tout !

Oru pazhutumillāte (Malayalam 2015)

oru pazhutumillāte
etupozhutumulakeṅgum
niravārnnirikkunnu paramasatyam

La Vérité suprême, cette Plénitude présente à tout instant dans chaque atome de l'univers,

atutanneyakamanaril
uravāyirikkunnu
mahita caitanyavum, guruvaṭivum

est fermement installée dans le lotus du cœur : c'est la forme divine de notre guru.

ariyātirikkuvor-
kkazhaliyalu, mātmāvil
ariyuv-ōranubhav-ānandamatre

Celui qui ignore cette vérité se noie dans le chagrin ; celui qui la connaît vit dans la béatitude suprême.

citayileriyunnoruṭal
jaḍamā, ṇatalla ñān
citiyiluṇarum bōdhasāramatre

Le corps qui se consume dans le bûcher funéraire n'est pas le « je ». « Je », c'est la conscience qui s'éveille dans le corps.

paramagurudaivatam
taraṇamaniśam kṛpa
caraṇayugaḷaṅgaḷil
śaraṇamaṇayunnu ñān

O suprême Guru, je m'abandonne à Tes pieds de lotus. Daigne répandre sur moi Ta grâce.

arivuniravārnniṭān
guruvaruḷatonnu-mām
iruḷarayilittiri
aruḷoḷipozhikkaṇē

Je T'en prie, illumine mon cœur rempli de ténèbres en m'accordant la pure Connaissance.

Oru piṭi cāramāy (Malayalam)

oru piṭi cāramāy maṇṇōṭu cērunna
manujā nī alayunnateviṭē ?
oru ceru nīrpōḷa pōle ī jīvitam
manujā nī ariyuvatentē ?
viruvilāy ozhiyunna ī lōka vēdiyil
vāzhvitu nāṭakamallē ?
verum śōkānta nāṭakamallē ?

O Homme, il ne restera de toi qu'une poignée de cendres qui retournera à la terre. Où erres-tu ? Cette vie humaine est une bulle minuscule. O Homme, que sais-tu réellement ? Dans ce monde de l'impermanence, ton existence n'est-elle pas un simple drame ? Ce drame ne se termine-t-il pas par une tragédie ?

oru vākku connāl ozhiyēṇḍa gēham
oru nāḷil tannuṭētāmō ?
oru nōkkil onnō ariyunna lōkam
ozhiyunna kāzhchayatalle ?
nāḷeyennōtuvān oru pozhutuṇḍō ?
kaimutal innatu mātram -
ōrttāl pōyppōya kālam anantam

Ce corps nous appartient-il vraiment ? Une seule parole du dieu de la mort, et il nous faudra l'abandonner. Le monde qui apparaît à nos regards, n'est-ce pas une image éphémère ? A quoi bon dire « demain » ? Seul le moment présent est entre nos mains. Si nous y réfléchissons, le temps que nous avons perdu est infini.

vasanaṅgaḷ pōle veṭiyunnu janmam
valayita mōhāndhakāram
pāritilennum pāloḷitūkum
paramātma tattvamē nityam
oru noṭi ozhiyāte ōraṇamuḷḷattil
ā mātṛ pādaṅgaḷ nityam
vāzhvin amṛtattvam ariyunna satyam

Comme on change de tenue, nous traversons de nombreuses vies, pris dans les ténèbres des désirs. Seul le Paramatman, le Soi suprême, est permanent, c'est Lui qui illumine toute la création. Sans perdre une seconde, prenons refuge aux pieds de la Mère divine, chérissons-les dans notre cœur. Elle est le principe éternel de vie.

Panipaṭarnda Malaiyin (Tamoul 2015)

panipaṭarnda malaiyin mīdu
uruvamānavan
amaradīpamāy viḷankum
amaranānavan

O Seigneur, Tu as pris la forme de la stalagmite de glace sur la montagne sacrée Amarnath (Himalaya). Tu as pris la forme de la flamme pérenne sur le Mont Amarnath

mēghankaḷ tālāṭṭum
malaiyumānavan
dāhankaḷ taṇittiṭum
gankaiyānavan

Là-haut, les nuages même Te chantent des berceuses ; Toi qui as pris la forme de la Montagne sacrée, Tu étanches la soif de connaissance, comme l'eau du Gange étanche la soif des mortels.

ēri varum makkaḷ tam kuraikaḷ
tīrppavan
idayamozhikaḷ tannai kēṭṭu āsi
tarubavan

Tu aides les dévots qui viennent à Toi avec une foi intense à surmonter les difficultés. Tu entends les prières qui montent de leur cœur et Tu les bénis.

uruvamāki aruvamāki tōttram
tarubavan
paruvam tōrum kāṭci tantu
bhakti tarubavan

O Toi qui es sans forme, Tu prends une forme pour renforcer la dévotion des dévots.

umaiyannai uḷḷam kavar
kaḷvanānavan
sumaiyumāna vinaikaḷ nīkki
mukti tarubavan

Tu as capturé le cœur de la déesse Ouma. O Seigneur, Tu prends soin de ceux qui T'ouvrent leur cœur et déposent leur fardeau à Tes pieds, prenant refuge en Toi.

pāvam tannai pōkkiṭum
punitavaṭivinan
tāpam tannai tīrttiṭum
tāyumānavan

Tu les libères de leurs péchés et de leurs difficultés, Tu les rends purs, comme une Mère s'occupe de son enfant.

ōm namaḥ śivāya

Parayuvānāvatilla (Malayalam)

parayuvān āvatillammē neñcil
urayunna paritāpa pūram
nirayunna mizhikaḷil paṭarunna śōkam onnu
ariyuvān āvatillennō?

O Mère, je suis incapable d'exprimer la souffrance qui s'est logée dans mon cœur. Mes yeux humides ne la trahissent-elle pas ?

kanalinde tāpatte vellunnorīcuṭu
neṭuvīrppil eriyunnu janmam
karuṇatan kaṇamonnu karutiyīyaṭiyannu
coriyunna dinamennucērum?

La canicule de mes soupirs, plus chaude que la braise, consume ma vie. J'attends désespérément le jour où Tu répandras sur moi Ta grâce, pleine de compassion.

iniyende manavīṇamīṭṭiṭuvān amma
tazhuki talōṭukilokkum
arutātta rāgaṅgaḷ ariyāte atilūrnnatu
aṭiyande pizhayonnu mātram

Seule la caresse de Ta main peut éveiller la musique sur les cordes de mon cœur muet. Dans le passé, par ma faute, des notes discordantes s'en sont échappées.

taḷarukayilliniyonnukoṇḍum tava
karuṇāmśu avalambamennum
saphalamī yātrayum saphalamī janmavum
aviṭunnu arikattaṇaññāl

J'ai désormais pris refuge dans la lumière de Ta compassion et je ne perdrai plus espoir. Le voyage de ma vie s'avèrera fructueux quand Tu demeureras éternellement avec moi.

Prabhū pyār kī (Hindi)

prabhū pyār kī jyot jalāvo
viṣayan kī citā sajāvo

Allume la lampe de l'amour de Dieu, mets le feu au bûcher de tes désirs.

mṛg tṛṣṇā mē jīvan khoyā
sach kā dhan barsāvo

Tu as gâché ta vie à courir après des désirs bestiaux. Cherche maintenant la richesse de la Vérité !

man sankalp vikalp mē uljhā
icchā prabal banāvo

Le mental est perplexe, incapable de choisir ou de décider. Renforce ta volonté.

thak hārā me khel khilone
ab tum hiya bas jāvo

A force de m'amuser avec tous ces jouets, me voilà fatigué, épuisé. Seigneur, viens donc enfin résider dans mon cœur.

mē nirbal nisāhay paḍā hum
bhuj mē āp uṭhāvo

Je gis, impuissant et faible, prends-moi dans Tes bras.

rūpo se tum man bharmātte
saty-rūp dikhalāvo

Tes formes multiples plongent mon mental dans l'illusion. Montre-moi Ta forme réelle !

Prāṇeśvarī (Malayalam 2015)

prāṇeśvarī prāṇatantriyil
minnunnu
prēmāśrubindukkaḷ innanēkam

Déesse qui m'a donné la vie, qui m'a donné le rythme de l'instrument de ma vie.

bhaktānuvarttinī! Nityānuruktan
ninakkāy koruttiṭām tārahāram
ninakkāy koruttiṭām tārahāram

Des larmes d'amour coulent en abondance des accords rythmés de la vie, elles étincèllent ; je ferai pour Toi une guirlande d'étoiles.

nirayunnu nayanam virakoḷvū kaṇṭham
ariyāte viṭarunnu hṛdayapatmam
vinayārdra cittam nukarum saharṣam

Mes yeux débordent, ma voix tremble, le lotus de mon cœur s'épanouit sans que j'en aie conscience.

kanivārnnu nī tūkum
amṛtavarṣam
kanivārnnu nī tūkum
amṛtavarṣam

Mon cœur, son rythme, doux et humble, sont maintenant en extase ; daigne répandre la pluie de nectar de Ton amour.

uttunga saubhāgyajālaṅgaḷillātta
nissāra putranāṇennākilum
sundarī! nin divya lāvaṇyapūrattil

Je ne suis qu'un de Tes fils, insignifiant, je ne suis pas au sommet de la bonne fortune. O belle Déesse ! Dans l'éclat divin de Ta beauté,

nirllīnamen hṛttil nityōtsavam
nirllīnamen hṛttil nityōtsavam

Dans mon cœur, plongé dans l'éclat divin de Ta beauté, c'est toujours la fête.

cintakkagamyayām cinmayī! rūpiṇī
citkalē saccidānandamūrttē
cintāmaṇisthitē nin sparśamēttorī

O Toi, forme de mon âme éternelle, que la pensée ne peut atteindre ! Lune radieuse de la vérité, Conscience, béatitude de mon cœur, Tu résides dans Chintamani.

dhanyamām janmam ānandasāndram
dhanyamām janmam ānandasāndram

Cette vie, si elle est bénie par Ton contact, devient un océan de béatitude.

Queen of my heart (Anglais)

Queen of my heart, I have opened the door;
O when will you come to find me?
I await that day like the coming of the dawn,
when your eyes will meet mine finally.

Reine de mon cœur, j'ai ouvert la porte.
Quand viendras-Tu me trouver ?
Comme on attend l'aube, j'attends le jour
où nos yeux se rencontreront enfin.

Though the night is drawing near,
your name is on my tongue
if it's my fate that we won't meet,
then in my heart I'll sing you this song.

La nuit approche, Ton nom est sur mes lèvres.
Si mon destin est que notre rencontre n'ait pas lieu,
Alors je Te chanterai cette chanson dans mon cœur.

Light of the morning,
hope of the fallen,
Goddess of all things,
please hear me calling.
Durge Mata, Durge Mata.

Lumière matinale, espoir de ceux qui ont chuté
Déesse de toutes choses,
Entends mon appel, Dourge Mata, Dourge Mata.

The night has come, still you're not here;
is there a hope for me?
Of what worth is a life
that does not bring me to your feet?

La nuit est venue et Tu n'es toujours pas là.
Y a-t-il un espoir pour moi ?
A quoi bon une vie qui ne m'amène pas à Tes pieds ?

Rādheśyām rādheśyām (Hindi 2015)

rādheśyām rādheśyām
taṭpat hūn mem yād mem terī
nā jānū viśrām

Radheshyam, O Radheshyam, mon cœur a soif de Te voir, il ne connaît pas le repos !

bāvri kehke mīrā par sab haste hai
nirmohī ke jāl me phas gayī kahte hai

Tous se moquent de Mira et la traitent de folle. Ils disent qu'elle est tombée dans un piège en aimant un être au cœur de pierre.

jānte hai vo phir bhī
sab anjāne he
rādheśyām rādheśyām

Ils connaissent pourtant tous la vérité, mais ils agissent comme s'ils l'ignoraient, O Radheshyam !

śyām binā man ekākī hai mele me
lāge nā man is duniyāke jamele me

Sans Shyam, mon cœur se sent seul au milieu de la multitude. Je n'aime plus les foules de ce monde.

kis se kahū me man kī
vyathā koyi jāne nā
rādheśyām rādheśyām

A qui confierai-je la douleur de mon cœur ? Nul ne la comprend, O Radheshyam.

Rasika rāj (Hindi)

rasikarāj braja bhūmi bihārī
nanda dulāre natjanapāl
nīrajāvar nirmal nirupam
nityanirāmay bhajle
bhajle bhajle bhajle bhajle
bhaj bhaj bhajle bhajle bhajle

O Seigneur de tous les arts, Tu gambades dans Vrindavan, Fils affectueux de Nanda, amis des gopas. Chantons le nom de l'Enfant aux yeux de lotus, Il est le pur Soi, incomparable et toujours vainqueur !

bhaj kṛṣṇa kṛṣṇa kṛṣṇa
bhaj bhakta citta cōrā
bhaj nityanṛtta lōlā
bhaj satya cit svarūpā
bhaj candana carchita
sundaradeha manōhara nandasuta

Chantons le nom de Krishna, le danseur enchanteur qui captive les cœurs des dévots ! Chantons le nom de Celui qui est le vrai Soi ! Chantons le nom du bel Enfant dont parle toute la ville, qui ravit tous les cœurs, le Fils de Nanda !

nīradsam śūbha angmanōhar
nirakh nirantar nainā
citt curāvan cārubilōcan
barasat karuṇā ham par

Ta forme est charmante et propice, Tu prends soin des dévots. Tes yeux qui regardent dans toutes les directions captivent les cœurs de Tes dévots. Daigne répandre sur nous Ta grâce et Ta compassion !

śūka nārada sanakādi munīśvar
śūbha mangal nit gāve
bansumbhūṣit madana gopāl jō
manmē nitya birāje

Tous les grands saints tels que Suka, Narada et Sanak chantent constamment Ta gloire. Tu es paré de fleurs sauvages, O petit pâtre, Tu résides dans le cœur de Tes dévots.

brajbanitāṣat nāce gāve
murali bajāvē kānhā
kōṭikōṭi kandarp lajāve
rūp nihāri nihāri

Tous les gens de Vrindavan chantent et dansent au son de la flûte de Krishna. Des milliers de gopis rougissent en contemplant la beauté de Krishna !

Santāpa hṛttinnu (Malayalam)

santāpa hṛttinnu śānti-mantram
sandēha hṛttinnu jñāna-mantram
samphulla hṛttinnu prēma-mantram
anpārn-norammatan nāma-mantram

Pour le cœur affligé, Tu es le mantra de paix. Pour le mental en quête (de sens), Tu es le mantra de la connaissance. Pour le cœur épanoui, Tu es le mantra de l'amour.

centāraṭikaḷil ñān namippū
cintāmalaratil nī vasikkū
sandēhamillātta jñānamennum
samphulla hṛttil teḷiññiṭaṭṭe

Je me prosterne à Tes pieds de lotus. Tu demeures dans la fleur de ma pensée. Puisse cette connaissance absolue se refléter dans mon cœur, pleinement épanoui.

ennōṭenikkuḷḷa snēhamalla
ninnōṭenikkuḷḷa prēmammē!
amma-hātṛkkazhal tārillello
manmanaḥ ṣaḍpadam-āramippū

Mon amour pour Toi dépasse l'amour que j'ai pour moi. O Mère, l'abeille de mon cœur se réjouit à Tes pieds de lotus.

vārmazha-villaṅgu māññupōkum
vār tinkaḷ śōbhayaliññutīrum
māyukayill-ātmāvil ennum-amma
ānanda saundarya-dhāmamallo

L'arc-en-ciel s'évanouit, la splendeur de la Lune disparaît. Mais Toi, demeure de la Beauté enchanteresse et de la Béatitude de l'âme, jamais Tu ne t'effaceras de mon cœur.

Satyam jñānam (Tamoul)

satyam jñānam anantam brahmaḥ

Brahman est la Vérité, la Sagesse et l'Infini.

kāṇum yāvaiyum māruvatuṇḍu
māttrattin pinnē mārātatonḍru
mārum poruḷin tēṭalai viṭṭu
mārā onṭril manadai niruttu

Tout ce que nous voyons est soumis au changement. Mais le substrat invisible de cet univers en changement constant est permanent. Cesse de courir après l'éphémère, fixe tes pensées sur l'Immuable.

arivenḍrarivatu pulanarivākum
aribavan tānē arivin svarūpam
uṇḍāna arivellām edanoḷiyil oḷirum
uṇarndadai arindiṭu un manadatil patittiṭu

Tout ce que nous connaissons est perçu par les organes des sens. Mais la Connaissance réelle est identique au Connaissant. Prends conscience de Cela, de ce qui illumine toute connaissance ordinaire. Fixe Ton mental sur cette Réalité suprême.

tōnḍrā onḍru maraiyādirukkum
tōttrattirkkappāl nilaiyāyirukkum
tōnḍruvatellām atilē tōnḍrum
tōttram viṭṭu atilē oṭunkum

Le Soi ne peut cesser d'exister, Brahman est éternel, au-delà de toute manifestation. Tout le manifesté jaillit de Cela et se dissout de nouveau dans le Non-manifesté.

arivin vaṭivadu amṛta vaṭivē
ānanda vaṭivadu ananta vaṭivē
unnaiviṭṭillaiyadu ulakil uḷadeduvum
unadu mey vaṭivadu un manadatil patittiṭu

La véritable connaissance est immortalité, béatitude et éternité. Elle n'est pas séparée de Toi, elle ne se trouve pas dans le monde extérieur. Cela est ta nature éternelle. Fixe ton mental sur cette Vérité.

Seḷeyadirali ninna (Kannada)

seḷeyadirali ninna kaṇṇōṭṭa mōhakate
bedarisadirali ninna bhīkarate
pādāravinda makaranda dāhi maridumbi
nānamma
maridumbi nānu
maridumbi nānamma
maridumbi nānu

O Mère, fais que je ne sois ni captivé par Tes regards ni terrifié par Ta férocité. Je ne suis qu'une petite abeille qui a soif du nectar de Tes pieds.

jayakāra jayakāra mahākāḷi
jayakāra jayakāra bhadrakāḷi
hrīmkāḷi mahākāḷi bhadrakāḷi

Gloire à Toi, O Mahakali, O Bhadrakali !
Gloire à Toi, Hrimkali, O Mahakali, O Bhadrakali.

puṭṭa kāḷi beṭṭa dantha śivana meṭṭi nintaḷu
rakkasara bechisalu katti śūla hiḍidaḷu

La petite Kali est debout sur Shiva, qui ressemble à une montagne. Pour terrifier les démons, Elle tient une épée et une lance.

kattaleya nungi kāḷi seṭedu koṇḍu nintaḷu
raktajinugo jihveya cācci tōrutiruvaḷu

Kali est bien droite, Elle avale les ténèbres, Elle tire sa langue d'où dégouline le sang.

caṇḍa muṇḍa nāśini muṇḍa māla dhāriṇi
śumbhādi daityara madavimarda nartini

Elle a tué des démons tels que Chanda et Munda, ou bien encore Shumba ; O Kali qui danse dans l'ivresse de l'extase !

bīja asura dhvamsini mahiṣa asura mardini
ahamkāra dvēṣini saddharma vardhini

Elle a tué les démons Bijasura et Mahishasura, Elle abhorre l'ego. Elle est le soutien de la vertu et du dharma.

Sēvaiyenum (Tamoul)

anbōṭu anaittuyirkkum nām seyyum sēvai
atutānē ammāvin tiruppāda pūjai

Servir tous les êtres avec amour, c'est vénérer les pieds sacrés d'Amma.

sēvaiyenum arumarundu
pāvamadai migaviraindu
tīrttiṭumē idaiyarindu
dinantōrum nī arundu

Ce remède très rare qu'est le service nous purge aussitôt de nos péchés. Sache-le, et prends ce remède quotidiennement.

āsaiyilē arivizhandu
kōpattilē guṇamizhandu
tān seyda tavaruṇarndu
tayankāmal nī tirundu

Le désir nous a fait perdre tout discernement et la colère toute vertu. Prends conscience de ta folie, tourne la page sans hésiter.

arivennum agal uṇḍu
anbennum ney koṇḍu
atan tiriyāy nīnindru
aṇaiyāda oḷisindu

La lampe de la connaissance est allumée avec le beurre clarifié de l'amour. Deviens la mèche et brille d'une lumière inextinguible.

tannalamillā sēvai seyyum manamē
tandaruḷvāyē tāyē enḍrum nīyē

O Mère, bénis-nous, oriente éternellement notre esprit vers le service désintéressé.

Siṭrinbam nāṭum (Tamoul)

siṭrinbam nāṭum sirumatiyinai
sīrākki sīrārum pērinba amutinai
aḷḷittarum annaiyē arputamē - un
porpadamē em narpadamē

O Mère, Tu es en vérité une grande merveille ! Tu purifies nos cœurs étriqués, en quête de plaisirs insignifiants, et Tu répands en abondance la béatitude immortelle. Tes pieds resplendissants sont notre ultime refuge !

azhiyāta ānandam taruvāḷ
annayiṭam aṭaikkalam aṭaintiṭuvōm
nilayillā ulakil irundālum
nilayāna tuṇayāy irundiṭuvāḷ

Prenons refuge en notre Mère qui donne la béatitude éternelle. Dans ce monde de l'impermanence, Elle seule est notre support immuable.

vazhikāṭṭa nīyum maruttuviṭṭāl
vazhimāri pōyviṭuvōm tāyē
takuti illāmal irundālum
untāḷkaḷ nāṭiyē vandōmē

O Mère ! Si Tu refusais de nous guider, nous nous égarerions ! Nous n'avons pas les qualités requises, nous le savons bien, pourtant nous sommes venus prendre refuge à Tes pieds sacrés.

gativēṇḍi ēngiṭum unsēygaḷ
vidhitūṇḍum vazhiyil sellāmal
matimayakkam tannai teḷivākki
ativēgam untan tāḷsērppāy

O Mère ! Tes enfants aspirent à l'état suprême. Protège-nous, ne laisse pas le destin nous entraîner sur de mauvais chemins. Apporte la clarté à notre esprit confus et sans plus tarder, unis-nous à Tes pieds sacrés.

Śivanē śankaranē (Kannada)

śivanē śankaranē jayasāmbasadā śivanē
harahara mahādēva śiva śiva mahādēva

Gloire au Seigneur ! Gloire au grand dieu Shiva !

praṇavasvarūpanē praḷayāntakanē
karuṇāmayanē paripālisu dēvanē

O Seigneur, Tu es le pranava mantra (Om) et le Seigneur de la dissolution cosmique. Dans Ta compassion, Tu nous protèges tous.

smaśānavāsiyē kailāsavāsiyē
hṛdayanivāsiyē sarvantaryāmiyē

Tu vis sur les lieux de crémation. Ta demeure est aussi le Mont Kailash. Tu résides dans le cœur, Tu es présent dans tout l'univers.

jai namaḥ pārvati patayē harahara mahādēva

Salutations à l'époux de la déesse Parvati. Gloire au Seigneur, au grand dieu !

Śivaśakti aikyave (Kannada)

ōm namaḥ śivāya śivāyyai namaḥ ōm

Prosternations à Shiva et à Shakti.

śivaśakti aikyave sṛṣṭi sthiti rahasya
samacitta bhāvave ātmika rahasya
ihapara eraṭilla iruvundodātma
yātake ahamkāra mereve jīvātma ?

L'union de Shiva et de Shakti est le secret de la création et de sa préservation. L'équanimité est le secret de la spiritualité. La dualité n'existe pas, il n'y a pas ce monde-ci et ce monde-là. Il n'y a qu'un seul atma (Soi). Pourquoi exhibes-tu ton ego, O âme individuelle ?

hindina sukṛtava induṭṭuṇa bēkātma
indina karmava munduṇa bēkātma
phaladāse toredalli migilāda phalavunṭu
sankalpa śakti ninadāgali ō ātma

Les fruits des actes passés sont recueillis dans le présent, les fruits des actions présentes nous parviendront dans le futur. Si tu renonces au désir des fruits, tu obtiendras un fruit supérieur. Puisses-tu avoir une volonté forte, Ô âme individuelle !

apajaya jayagaḷu nāṇyada mukhagaḷu
priyavu apriyagaḷu eṭabala kaigaḷu
paravaśavāgi nī ēkāgra manadi
paramārtha paratatva nene sadā ō ātma

Le succès ou l'échec sont les deux faces d'une même pièce. L'attraction et la répulsion sont comme nos deux mains. Transcendeles, et avec une concentration parfaite, médite sur le suprême, Ô âme individuelle.

manuja, ni alpanu lakṣyahīnanu saha
mānava janmavu amūlyavu kēḷu

māṭuvu dellavu yōgavē āgali
mahātmage śaraṇāgi kai mugi jīvātma

O Homme, tu n'es qu'un égaré. Ecoute, cette vie humaine est très précieuse. Puissent toutes tes actions te relier au Divin. Abandonne-toi à l'être réalisé (mahatma) et prosterne-toi devant lui, Ô jivatma (âme individuelle) !

Śrīkṛṣṇādeva (Malayalam 2015)

śrīkṛṣṇādeva caitanyavihāra
prēmavarṣadayālō. . .
prēmavarṣadayālō

O Seigneur Krishna, refuge de Chaitanya. O Toi qui as le cœur bon, Tu répands comme une pluie l'Amour divin.

māyābandhavimōcananē hari
rādhakṛṣṇā. . . sukumārā
rādhakṛṣṇā sukumārā

O Hari, Toi qui nous délivres des liens de l'illusion, Radha Krishna à l'éternelle jeunesse !

kāliṇakūppum
mānavahṛttil
ānandatte uṇarttum

Dans le cœur des humains qui se tiennent devant Toi les mains jointes, Tu éveilles la béatitude.

Dīnadayāmayā
kāraṇapūruṣa
māmaka mānasalōla

Tu es miséricordieux envers les malheureux, Tu es la cause primordiale. Tu ravis mon cœur et mon esprit.

trētā yuga śrīrāma-raghūttama
dvāparayādava kṛṣṇā

A l'âge du *treta yuga* (âge d'argent), Tu T'es incarné sous la forme de Rama. A l'âge du *dwapara yuga* (âge d'airain), Tu es venu sous la forme de Krishna.

kātaramām kalikālamatilvann-
ādhiyakattuka dēva

Tu es maintenant venu durant cet âge cruel du *kali yuga* (âge de fer) pour balayer tous nos soucis.

jñānālaya śrī sādhuśarīrā
gānālaya mama dēvā

Tu es la demeure de la connaissance, l'incarnation de la vérité. Tu es la demeure de la musique, et mon Seigneur.

Kātaranāmen mānasavāṭiyil
vāzhū nī dayaśīla

Je suis faible, O Seigneur miséricordieux, daigne venir demeurer dans le jardin de mon cœur !

Śrī rāma nāmamē (Tamoul)

śrī rāma nāmamē sonnāl
ankē varuvān hanumān
kṣēmaṅgaḷ yāvum taruvān
śrī rāma bhakta hanumān

Quand nous chantons le nom du Seigneur Rama, Hanouman se manifeste. Hanouman, le dévot du Seigneur Rama, accorde à tous ce qui est propice.

śrī rāma rāma jaya rāma rāma
śrī rāma rāma jaya rāmā

Gloire au Seigneur Rama !

ilankayai vālāl erittavan - anta
lankāpatiyai etirttavan
añjana makanavanām
śrī rāma bhakta hanumān

De sa queue il a rasé Lanka. Il a défié le roi de Lanka (Ravana). Hanouman, le fils d'Anjana, est le dévot du Seigneur Rama.

sañjīvani malayai koṇḍu vandavan
sirañjīvi ennum peyar pettravan
añjana makanavanām
śrī rāma bhakta hanumān

Il a rapporté la montagne Sanjivani. Il a mérité le surnom de Ciranjivi (immortel). Hanouman, le fils d'Anjana, est le dévot du Seigneur Rama.

Sṛṣṭi vēru (Telugu)

sṛṣṭi vēru sṛṣṭi karta
vēru kādura
dēvuḍu jivuḍu
vēru vēru kādura
mahāvākyālu cebuttunna-didērā

Le Créateur et la création ne sont pas séparés. Dieu et le Soi ne sont pas séparés. Toutes les grandes paroles (mahavakya) des Upanishads énoncent la même Vérité éternelle.

prajnānam brahma
ayamātmā brahma
tatvamasi aham brahmāsmi

La connaissance du Soi est Brahman. Le Soi individuel est Brahman. Tu es Cela. Je suis Brahman.

maṇṇu vēru kuṇda vēru vēru kādura
nāṭyamu nartaki vēru vēru kādura

L'argile et le pot d'argile ne sont pas séparés. La danse et le danseur ne font qu'un.

kāntini sūryuni vēru ceyyalēmura
mādhavuḍu mānavuḍu
vēru kānē kādura

Peut-on séparer le Soleil de sa lumière ? Dieu et l'humanité ne sont pas des entités séparées.

parikaramul-ennunna vidyut okaṭerā
vigrahamul-ennunna daivamokaṭerā
ī bhinnatvamu-lonē ēkatvam-undira
ēkam nundi anēkamē sṛṣṭi tirurā

Il existe de nombreux appareils électriques mais une seule électricité. Il existe de nombreuses divinités mais un seul Dieu. C'est l'unité qui sous-tend cette apparente diversité. L'Un devient plusieurs – c'est ainsi que la création se manifeste.

Sukh kartā (Hindi 2015)

sukh kartā tum ho
duḥkh hartā tum ho

O Ganesha, Seigneur des ganas, Tu donnes le bonheur,

he bhāgyavidhātā
gaṇanāthā tum ho

Tu triomphes de la souffrance, Seigneur de mon destin.

gaṇapati bāppā moryā
mangaḷa mūrtti moryā

Gloire à notre Père Ganesha, gloire à Celui qui est propice !

manmohak hai rūp terā
omkāra svarūp terā

O Toi dont le corps a la forme du Om sacré, Ta forme nous enchante.

hai bhakton pe dhyān terā
karuṇādr hṛday terā

Ton cœur plein de compassion songe sans cesse à Tes dévots.

man jo hai bada chanchal
tera smaran se ho nischal

Le mental fluctuant devient calme et stable en pensant à Toi.

bhakti bhav karde prabal
janam merā ho safal

O Seigneur, daigne renforcer ma dévotion envers Toi, afin que ma vie prenne tout son sens et porte ses fruits.

mushak par ho savar
tum ho jag ke ādhar

Ton véhicule est la souris, Tu romps les chaînes de l'ignorance et nous conduis à la liberté suprême.

kripa kar he pālanhaar
darshan iccha ho sakār

Tu es le support du monde. Bénis-nous Seigneur, exauce notre désir de Te voir.

Tañcamena vantōm (Tamoul)

tañcamena vantōm dayaipuri vēlā
vañcamilā neñcamatil
mañcamkoḷḷa vārāy - murugā

O Mourouga ! Nous implorons Ta protection, daigne faire preuve de compassion. O Toi qui brandis une lance. O Seigneur, viens demeurer dans nos cœurs innocents.

arivirkkaṉiśēr aranār makanē
piravippiṉitīr piraiyōn makanē
turavikaḷ paṇiyum maraiyin poruḷē
iruvinai nīkkum saravaṇabhavanē

O Fils du dieu qui porte un serpent en guise de collier (Shiva), Tu es la Vérité suprême qui ajoute de la beauté à toute connaissance. Daigne nous guérir de la maladie de la naissance et de la mort. O Fils de Shiva qui porte le croissant de Lune dans les cheveux ! Les sages se prosternent devant Toi, Tu es l'essence des Védas, O Sarana bhava, Tu nous libères des effets de nos actions.

anpin vaṭivē arivin sudarē
iruḷai akaṭri oḷiyai perukkiṭu

O Incarnation de l'amour, Flamme de la connaissance, daigne dissiper les ténèbres (de l'ignorance) en nous apportant la Lumière (de la Connaissance) !

aṭiyārkkaruḷ sēr jñānakkumarā
eḷiyār maruḷtīr śaktikkumarā
oruvāy mozhiyilai unpēr anṭri
varuvāy vēṇḍiṭa manatil onṭri

O Incarnation de la sagesse, daigne répandre Ta grâce sur Tes dévots et délivrer de la peur les malheureux que nous sommes, O Fils de Shakti ! Je ne puis rien répéter d'autre que Ton nom divin. O Seigneur, quand nous prions du fond du cœur, Tu accours.

inpam tunpam immai marumai
irumai akaṭri prumai uṇarttiṭu

Daigne nous emmener au-delà de la dualité, au-delà de la souffrance et de la joie, de la naissance et de la mort. Elève-nous jusqu'à Toi, jusqu'à Ta gloire !

vēlvēl murugā veṭrivēl murugā
vaṭivēl azhakā śakti umai bālā

Gloire à Toi, O Mourouga, Toi qui brandis une lance, divine Beauté, Fils d'Ouma.

Tandam tānannai (Malayalam)

tandam tānannai tānai tandanai
tānai tandanai tānannā
tandam tānannai tānai tandanai
tānai tandanai tānannā
veḷḷi malamēlē vāṇaruḷunnoru
indu kalādharā kaitozhunnēn
bhūtiyaṇiññuḷḷa bhūtavidhāyaka
bhūvitinennum abhayamēkū

Salutations à Celui qui réside au sommet de la montagne d'argent, qui porte le croissant de Lune sur la tête. Son corps entier est enduit de cendre (vibhuti), Il commande les fantômes et les esprits ; nous Le prions d'accorder refuge à la terre entière.

mūnnu purangaḷerichuḷḷa mukkaṇṇan
mōdamāy ceyyunna narttanavum
viśvatteyākeyaṭakkum svarūpavum
viśvanātha prabhū kumbiṭunnēn

Le dieu aux trois yeux, qui a réduit en cendres les trois cités de Tripura, danse, et sa danse nous enchante. Salutations à Celui qui maîtrise l'univers entier.

tandanittannāna tānai tānai tandam tānittannāna
tandam tānittāna tānai tandam tānittānnānā -
teyyattām
pīlittirumuṭiyum māril tūvanamālikayum
ōṭakkuzhalumēnti kaṇṇan uḷḷam kāvarnnu
nilkkum

Une plume de paon dans les cheveux, le Seigneur Krishna porte une belle guirlande. Il tient à la main une flûte et Il a dérobé nos cœurs.

gōpījanapriyanē giridhara gokula pālakanē
rādhikā vallabhane murārē nityam namichiṭunnēn

Bien-aimé des gopis, Tu as soulevé le mont Govardhana, Protecteur des gopis, Seigneur de Radha, Tu as tué le démon Moura ; c'est Toi que nous prions.

tannēnāne nanē nānē tannannānā tāne
tānānai tānakatittai tannannānā - takitai
rāma nāmam japichīṭu kōṭi puṇyam - janmam
ennumennum ariyunna kāruṇyapūram - tai tai

Chantons le nom de Rama pour acquérir des mérites (punya) et recevoir toute notre vie une pluie de compassion.

janmamākum alayāzhi taraṇamceyyān - bhakta
hanumānde pādamennum abhayamākum tai tai

Pour franchir l'océan de la vie, le seul refuge, ce sont les pieds du grand dévot Hanuman.

vāṇiṭunna vāṇīdēvi uḷttaṭāttil - ennāl
vāṇaruḷum arivallō abhayamākum - tai tai

Quand Sarasvati, Déesse de la sagesse, demeurera dans votre cœur, alors la connaissance qui discerne vous sera accordée.

mangaḷangaḷ bhavichīṭān tozhutīṭuka - lōka

mangaḷattināy nityam namichīṭuka - tai tai

Prosternons nous, pour obtenir ce qui est propice, pour obtenir des bénédictions pour nous-mêmes et pour le monde entier.

Tāraka nāma (Kannada 2015)

tāraka nāma mahā
mahimā śrī rāma
jaya-rāma raghu-rāma
sītā-rāma

Le glorieux nom de Rama permet de transcender le *samsara* (le cycle des naissances et des morts). Gloire à Rama, de la dynastie des Raghous ! Gloire à Rama, l'époux de Sita !

manavemba markaṭa
- ō rāma

O Rama, le mental ressemble à un singe

nina nāma ninda
nina prēmadinda
nina dhyāna dinda
nina sēvayinda

O Rama, grâce à la récitation de Ton nom, à l'amour pour Toi, à la méditation et au service désintéressé,

manavemba markaṭa
āyitalla hanuma

le singe du mental a atteint l'état de perfection d'Hanuman.

jaya-rāma
raghu-rāma
sītā-rāma

Gloire à Rama de la dynastie des Raghous ! Gloire à Rama, l'époux de Sita !

kānana kusuma
- ō rāma

O Rama, la fleur sauvage

nina nāma ninda
nina prēmadinda
nina dhyāna dinda
nina pūjayinda

O Rama, grâce à la récitation de Ton nom, à l'amour pour Toi, à la méditation et au service désintéressé,

kānana kusuma
āyitalla śabari

la fleur sauvage est devenue Shabari (une grande dévote qui vivait dans la forêt).

jaya-rāma raghu-rāma sītā-rāma

Gloire à Rama de la dynastie des Raghous ! Gloire à Rama, l'époux de Sita !

jagadagala cerisi
carācarava porede
jaṭāyu sampāti
jāmbavara porede

Tu as traversé le monde entier. Tu as nourri tous les êtres, animés et inanimés. Tu as pris soin de Jatayou, de Sampati et de Jambavan.

manujara porede
amānuṣara porede

Tu as pris soin du bien-être des humains et de toutes les autres créatures.

nammante nakke
nammante ate

Tu as ri et pleuré comme nous, mais Tu ne t'es pas laissé prendre au piège du monde.

nammante silukade
viśva-vibhu-vāde

Tu es devenu l'Empereur de l'univers !

jaya-rāma
raghu-rāma
sītā-rāma

Gloire à Rama de la dynastie des Raghous ! Gloire à Rama, l'époux de Sita !

Tārakanāmamu (Telugu)

śrī rāma rāma rāmēti
ramē rāmē manōramē
sahasranāma tattulyam
rāma nāma varānanē

Médite sur Sri Rama sous la forme du nom, Sri Rama Rama Rama. Dire trois fois le nom de Rama équivaut à réciter les mille noms de Vishnou (Vishnu Sahasranama).

tāraka nāmamu taluvara manujā
bhava-nāśaka mantramu maruvakurā

O Homme, sans faillir chante le mantra de Rama ; ce nom nous fait traverser l'océan du samsara.

kancarla gōpuni kācina mantram
rāmadāsugā mārcina mantram
annamācāryulu nutincinadi
śabarī-mātaku varamaina mantram

Ce mantra protégea Kancharlagoppanna et fit de lui Ramadasa. Le grand poète Annamacharya célébra ce même mantra. Il fut la grâce de Shabari.

bhōgā-saktuni tulasīdāsuni
yōga-yuktuni cēsina mantram
pōtanā-mātulya brōcina mantram
tyāgarājula madi koluvuṇḍinadi

C'est grâce à ce mantra que Tulsidas, tourné vers les plaisirs du monde, devint un grand dévot. Il protégea le poète Potana et vibra dans le cœur de Tyagaraja.

duḥkhālalō dānini viḍuvakurā
sukhālalō asalu maruvakurā
anni vēḷalā taluvara manujā
adiyē manaku ēkarakṣrā

O Homme, n'abandonne pas le mantra dans les moments difficiles, ne l'oublie pas dans les instants de bonheur. Chante le mantra constamment, c'est seulement ainsi que l'on trouve le salut.

rāmā rāmā jaya jaya rāmā
rāmā rāmā jaya śrī rāmā
gaṭṭiga piluvara rāmā rāmā
prēmatō palukara rāmā rāmā
bhaktitō piluvara rāmā rāmā
śraddhatō taluvara rāmā rāmā

Chante à pleins poumons Rama, Rama.
Chante avec amour Rama, Rama.
Chante avec dévotion Rama, Rama.
Chante avec foi Rama, Rama!

Taṭaikalai Nikkiṭum (Tamoul 2015)

taṭaikaḷai nīkkiṭum dēva dēvā
taḷarum manankaḷai kākkum dēvā

O Seigneur, Tu es Celui qui élimine les obstacles ; Tu protèges le mental qui se lasse.

varam onṭru kēṭṭēn vallabhanē
varadā undan ninaivuṭan vāzhndiṭa

O Seigneur bien-aimé, je ne demande qu'une seule faveur, celle de vivre en pensant constamment à Toi, afin que ma vie ait un sens.

vallamai pettriṭa vaiyyagam pōttriṭa
vaḷankaḷ yāvaiyum vāri nī tandiṭa

Sans cette faveur, qui est la véritable richesse, je ne pourrai pas mener une vie prospère.

piravi mēl piravi eṭuttu calittēn
piravā varam vēṇḍum enṭrunnai tudittēn

Je suis las de renaître sans fin. Je prie afin que Tu me libères de ce cycle des naissances et des morts.

nallavai nāṭiṭa tīyavai tēyndiṭa
nanneri nāṭiyē nānilam uyndiṭa

O Seigneur, accorde-moi de voir le bien en tout ; fais que les tendances négatives en moi se fanent et disparaissent, afin que je devienne un réceptacle digne de Ta grâce.

gajamukha vadanā gajānanā
garvita madahara śubhānanā

O Dieu au visage d'éléphant, Toi qui détruis l'ego, la vision de Ton visage accorde ce qui est favorable.

pārvati nandana parātparā
paripālayamām pāpaharā

O Fils de la déesse Parvati, Tu es suprême, Tu détruis tous les péchés.

Teyyom taka (Tamoul 2015)

teyyōm taka tārōm tittōm ttaka
teytaka tārōm tittōm

rārikkam rārō rērikkam rērō
rārikkam rārō rērikkam rērō
nalluma maintanallē murukā
valli maṇāḷanallē
māmala mōḷilāyi vāzhunnoru

Fils de Parvati, O Seigneur Mourouga, époux de la déesse Valli, Tu résides au sommet des hautes montagnes

māmayil vāhakanē murukā
ninpadam kumbiṭunnēn murukā
nin kumbiṭunnēn

O Mourouga, Toi qui chevauches le grand paon, nous adorons Tes pieds.

nal paḷanimalayil murukā
vāzhunnadēvatamē
māmarutāmalayil amarum
dēvasēnāpatiyē

Tu résides dans le temple Palani, Tu demeures à Maruthamalai (temple situé sur une colline près de Coïmbatore) en tant que général en chef des *devas* (demi-dieux).

murukā ninpadam kumbiṭunnēn
murukā ninpadam kumbiṭunnēn

Mourouga, nous adorons Tes pieds divins.

kāvaṭicintupāṭām murukā
āṭiyulaññiṭāmē
pālkkuṭakāvaṭiyāy kumārā

Nous chantons le *kavadi sindhu* (chant populaire dévotionnel) et nous dansons en portant sur la tête des pots (*kavadi*) remplis de lait.

kōvilaṇaññiṭunnē murukā
ninpadam kumbiṭunnēn murukā
ninpadam kumbiṭunnēn

Et nous arrivons à Ton temple, Mourouga. Nous adorons Tes pieds.

āraṇa rūpanallē murukā nīraṇa āryanallē
vēlēnti villēntiyum murukā
ērivarikayillē vēlā

O Mourouga, Tu as six têtes, Tu es un grand guerrier et Tu tiens un arc, une flèche et une lance. Ne viens-Tu pas ?

ninpadam kumbiṭunnēn murukā
ninpadam kumbiṭunnēn

Nous adorons Tes pieds divins.

tārakabhañjakanē mānasa
tārilamaraṇamē
pāritaruḷuvōnē murukā
jñānamaruḷiṭaṇē vēlā

Toi qui as tué le démon Tharaka, daigne demeurer dans nos cœurs. Toi qui accordes la grâce au monde, daigne nous donner la sagesse (*jnana*).

ninpadam kumbiṭunnēn murukā
ninpadam kumbiṭunnēn

Nous adorons Tes pieds divins.

Tintaka Tintaka (Malayalam 2015)

tintaka tintaka
teyyam tārō taka
tintaka tintaka
teyyam tārā
kaṇṇottu nōkkuvān
pattunnatallende
kaṇṇende ceytikaḷattaramē

Pour voir Krishna, deux yeux ne suffisent pas, tel est Son jeu divin.

Kuṭṭittaraṅgaḷāṇenkilum
ammaykku
tiṭṭattil vīṭṭilirunniṭāmō

Ces jeux ont beau ressembler à ceux d'un enfant, sa mère peut-elle rester à l'intérieur de la maison ?

muttattu ninnonnu
cuttikkaḷicciṭum
tettannu kāṇilla pinnavane

L'enfant Krishna joue dans la cour, pour disparaître l'instant d'après.

veṭṭattil ninnonnu māriyālāyavan
cettennu kāṭakamēriṭumē

S'il disparaît, c'est pour aller grimper dans la forêt.

kalluṇḍu muḷḷuṇḍu kuññinde kālaṭi
ennuḷḷa cintayavaykkuṇḍāmō

Là, les épines et les pierres aux arrêtes coupantes savent-elles que c'est le pied d'un enfant qui se pose sur elles ?

kuṇḍukaḷ pārakaḷuṇḍava kāṭṭilāy
kuññavanennavayorttīṭumō

Les trous et les rochers, dans la forêt, se rappellent-ils qu'Il n'est qu'un enfant ?

paikkaḷōṭottavanōṭi kaḷikkumbōḷ
payyeyirunnatu nōkkiṭāmō

Quand Il joue avec les vaches, peut-on Le voir de loin ?

payyummarannavanōṭi kaḷikkumbōḷ
vayyennu connaṅgirinniṭāmō

Les vaches aussi jouent avec Lui et oublient tout au monde.

veṇṇa kavarnnavanuṇṇum parātikaḷ
peṇṇuṅgaḷeppōzhum conniṭunnu

Les femmes de Vrindavan viennent toujours se plaindre qu'Il leur vole du beurre.

kaṇṇanennallavar collunnatippōzhāy
kaḷḷanennākiliṅgentu ceyyum

Au lieu de L'appeler Krishna, elles L'appellent le petit voleur.

taṇḍupiṇaccuḷḷa pīliyumāycennu
talluvānonnu tuṭaṅgiyālō

Quand Il prend une posture de combat, avec une plume de paon en guise de bâton,

taṇḍukaḷ kāṭṭi kaṭannu
pōminnavan
paṇḍillātuḷḷoru bhāvamāṇē

Il continue par une démonstration de fierté encore jamais vue chez Lui.

cellakkārkoṇḍatil pīlitirukumbōḷ
cinnicciriccavan vanniṭumbōḷ

en mettant la plume de paon sur sa couronne. quand Il s'approche avec un sourire innocent,

onnu koṭuttiṭumōṭattaṇḍonnināy
allāte colliyāl ettiṭilla

alors je Lui donne une de Ses flûtes de bambou, sinon Il ne m'écouterait jamais !

maññayuṭuttavan celammē ciriccuko-
ṇḍammēyennōtiyaṭuttiṭumbōḷ

Avec Ses habits jaunes, quand Il arrive en appelant « maman ».

ellām marannaṅgu ninnupōmuḷḷilāy
ammayennuḷḷoru puṇyamallē

j'oublie toutes Ses espiègleries, c'est l'avantage et le mérite d'être Sa mère.

ambāṭi paitalām nīlakkārvarṇṇanum
ammayumārnnuḷḷa līlakaḷe

L'enfant d'Ambadi, Celui au teint bleu couleur de nuages, tels sont Ses jeux divins (*lilas*) avec Sa mère.

ambōṭeyōrkkunnu mānasameppazhum
ambāṭiyāyi vilasiṭunnu

En se rappelant avec amour les jeux divins du petit Krishna, le mental devient Ambadi, le paradis.

Unnarumai (Tamoul 2015)

unnarumai mukham kāṇa
kaṇṇā nān tavamirundēn

O Krishna, je me suis livré à des austérités pour contempler Ton visage divin.

untanatu varavālē
en piravippayanaṭaindēn

Quand Tu es enfin venu, j'ai eu le sentiment que le but de ma vie était accompli.

kaṇkaḷum kāṇāmal gangayāy ponkiyatē
kaṇḍapinnum mārāmal ennilaiyai sollitutē

Les yeux remplis de larmes, comme le Gange au flot éternel, je n'ai pas pu Te voir, vois ma situation pathétique !

un madhura nāmamatai
uṇavāga uṇḍirundēn
uḷḷam kavar un ninaivai
uyirāga koṇḍirundēn

Tes doux noms étaient pour moi une délicieuse nourriture ; je n'ai survécu que grâce aux pensées enchanteresses que je nourrissais à Ton propos.

kanavilum kaṇḍatellām
un mukham adanālē
kanavilum kaṇḍatellām
un mukhamē adanālē

Même en rêve, je ne voyais que Ton visage divin. Etait-ce un rêve ? Étais-je éveillé ? Comment l'aurais-je su, ne percevant plus que Ton visage sacré ?

mālaiyēndi unakkāka nāninku kāttirundēn
mālaitōrum mālaivāṭa nānuminku vāṭi ninṭran

Je T'attendais chaque jour avec une guirlande, mais au crépuscule, Tu n'étais pas venu et les fleurs étaient fanées comme mon visage.

pūmālai kōrkkavillai unaikkāṇum innēram
pūmalai kōrkkavillai unnaikkāṇum innēram

Mais quand Tu es venu aujourd'hui, je n'avais pas fait de guirlande,

pāmālai ennuyiril kōrtteṭuttu cūṭṭukinṭrēn

alors je T'offre une guirlande de chants à Ta gloire, tressée avec mon cœur.

Uṇṇi gaṇapatiye (Malayalam)

uṇṇi gaṇapatiye uḷḷam vaṇaṅgānāy
entaṭā kuññāṇē nammaḷum pōvēṇḍē

O petit frère, ne devrions-nous pas nous aussi aller adorer le bébé Ganesh, de tout notre cœur ?

uḷḷamazhiññu tozhām meyyitulaññu tozhām
uḷḷilezhunniṭaṇē uṇṇi gaṇapatiyē

Nous prions avec ferveur, nous prions en nous balançant. O bébé Ganapati, sois présent en nous, nous T'en prions.

mālarum mauli tozhān mānattil nōkkiṭunnē
pārāte pādam tozhān pāritil vīṇiṭunnē

Pour nous prosterner devant Sa couronne purificatrice, nous regardons vers le ciel. Pour nous prosterner à Ses pieds, nous regardons la terre.

ambiḷikkīraṇiyum vambezhum kēśabhāram
tumbōṭu kaṇṇariññē mumbāyikkaitozhunnē

Nous nous prosternons en regardant Sa chevelure épaisse ornée d'un croissant de lune.

embāṭu mumbartozhum mānpezhum nalpadaṅgaḷ
vembalakattiṭānāy nambivaṇaṅgiṭunnē

Pour être libérés de la douleur, nous nous prosternons avec foi à Ses pieds, adorés par les dieux.

tumbamakanniṭānāy tumbikku kumbiṭunnē
imbamiyanniṭānāy kumbayum kaitozhunnēn

Pour être libérés du chagrin, nous nous prosternons devant sa trompe ; pour trouver la joie, nous nous prosternons devant son ventre.

vambezhum kombatinē anpināy kaitozhunnēn
lambōdharanivane ambōṭu kumbiṭunnēn

Pour obtenir la grâce nous nous prosternons devant sa défense; nous nous prosternons avec amour devant Ganapati au gros ventre.

nallavil śarkkarayum veṇmalar kēramatum
nanpezhum nalpazhavum mātaḷam nīḷkarimbum

Nous T'offrons des brisures de riz, du jaggery, du riz soufflé, de la noix de coco, d'excellentes bananes plantain, des grenades et de la canne à sucre.

nallaṭa mōdakavum kalkkaṇḍa muntiriyum
añcāte nēdichiṭām ayyanē kāttiṭanē

Nous T'offrons des crêpes de riz, des sucreries (modaka) du sucre candi et des raisins. Daigne nous protéger !

nalluma yankamatil ārnnirunnennumennum
nanmayaruḷiṭaṇē uṇṇivināyakanē

O petit Ganapati, assis dans le giron de la déesse Parvati, accorde-nous toujours ce qui est bon.

ādi vaṇaṅgiṭuṇē ādhikaḷattiṭaṇē
śankara nandananē śakti nīyēkiṭaṇē

Nous nous prosternons au tout début pour mettre fin à toutes nos inquiétudes. O Fils du Seigneur Shiva, donne-nous de la force !

Vandavar ettanai (Tamoul)

vandavar ettanai cenṭravar ettanai
janmankaḷ ettaneyō?
vāzhndavar ettanai? vīzhndavar ettanai
māyndavar ettaneyō?

Combien sont venus, combien sont partis ! Combien de vies ont passé ! Combien ont prospéré, combien ont traversé des moments difficiles et combien sont morts !

ettanai svantankaḷ ēdēdō bandankaḷ
ettanai sōdanaigaḷ ēdēdō vēdanaigaḷ
mīṇḍum mīṇḍum tāybandam
viṇḍu pōgum sēybandam
koṇḍu pōgum nōynoṭigaḷ
namakku inkē yār sondam

Combien de relations, d'attachements, d'épreuves et de souffrances nous traversons ! Le lien entre la mère et enfant,nous le forgeons sans cesse de nouveau, mais c'est toujours pour qu'il se dissolve. Dans la mesure où cette maladie nous emporte tous, qui pouvons-nous qualifier de « nôtre » ?

vāzhum murai turanduviṭṭu
kurai śollal murai tānō
vāzhum pōdu pala uravu iranda pinnē yār uravu
manamadu kōyilām uḷ uraivadu kāḷiyām
dinamadai nām uṇarndu vaḷarachaiyvōm irai uṇarvu

Est-il juste d'abandonner son dharma et de blâmer ensuite Dieu pour les conséquences ? Tant que nous vivons, nous avons de nombreux parents ; une fois que nous sommes morts, qui est « nôtre » ? Le mental est un temple et Kali est la déité qui demeure dans le sanctuaire. Rappelons-nous constamment cette vérité et éveillons en nous cette conscience du Divin.

O Toi, forme de mon âme éternelle, que la pensée ne peut atteindre ! Lune radieuse de la vérité, Conscience, béatitude de mon cœur, Tu résides dans Chintamani.

dhanyamām janmam ānandasāndram
dhanyamām janmam ānandasāndram

Cette vie, si elle est bénie par Ton contact, devient un océan de béatitude.

Var de (Hindi)

mānav janm diyā hai tu ne
terī carano ki chāv bhī
bas var ye tu de de maiyā
saphal ho jīvan merā bhī
ek prārthanā sun le merī
nisvārth bhāvanā bhar de
aisā mujh ko var de mā
aisā mujhkō var de

Tu m'as donné une forme humaine ainsi que le refuge de Tes pieds. Daigne écouter ma prière, O Mère, et me remplir d'une abnégation totale ; ma vie aura ainsi atteint son sommet. Telle est la faveur que je souhaite, O Mère.

var de var de - maiyyā
var de var de - aisā
var de var de, vardān tū de

Accorde-moi une faveur, O Mère.

var de mā
man aisā de
duḥkh duḥkhiyōn kā jān sakū

Accorde-moi cette faveur, O Mère, que mon mental puisse reconnaître les problèmes de ceux qui souffrent.

var de mā
samajh aisā de
duḥkh aurō kā
samajh sakū

Que je puisse comprendre le chagrin d'autrui.

aisā var de aise vichār de
aurō kā bhalā soch sakū
nisvārth cintan jagā sakū

Accorde-moi une faveur, donne-moi des pensées telles que je puisse concevoir des pensées altruistes.

var de mā nain aise de
duḥkh aurō ka dekh sakū

Accorde-moi cette faveur, O Mère, que mes yeux voient la souffrance d'autrui.

var de mā kar aisa de
dukhiyon ko sehlā sakū

Accorde-moi cette faveur, que mes bras caressent et consolent les malheureux.

aisā var de dil aisā de
dūsron ko apnā sakū
nisvārth karam nibhā saku

Accorde-moi cette faveur, que mon cœur accepte tous les êtres comme mes proches et que je puisse agir avec abnégation.

Vazhimēl vizhi (Tamoul)

vazhimēl vizhi vaittu pārttirundēn
varuvān kaṇṇan ena kāttirundēn
manadil avan amara puttirundēn
malaraṭi en neñcil sērttirundēn

Les yeux rivés sur le chemin, j'ai attendu Krishna sans ciller. La fleur de mon cœur s'est épanouie. Elle est devenue le sanctuaire des pieds de lotus du Seigneur.

karunīla niramellām avan terindān
kaḷḷamillāchirippil enai kavarndān
manatinil avan maṭṭum niraindirundān
matiyinil ninaivukaḷāy uraindirundān

Tout ce qui avait la couleur des nuages bleus, c'était Lui ! Un sourire innocent, c'était Lui qui me captivait ! Lui seul remplissait mon cœur, Lui seul habitait mes souvenirs.

rādhayāy nāninku ēnki ninṭrēn
nandanai emmanatil tānki ninṭrēn
kaṇṇanin kuzhal kēṭṭu enai marandēn
karutiyen arukil vara ninaivizhandēn

J'étais absorbé comme Radha dans le souvenir de Krishna, la mélodie de Sa flûte m'a fait tout oublier. Lorsqu'Il s'est approché inopinément, je suis resté pétrifié.

Vināyaka (Tamoul)

karuvizhi umaiyāḷ tirumaganē
virisaḍai śivanārkkiniyavanē
karimukha kaṭavuḷ gaṇapatiyē - un
tiruvaṭi vaṇanki paṇindōmē

O Fils d'Ouma, Toi dont les beaux yeux sont noirs, Enfant chéri de Shiva, le Dieu aux cheveux emmêlés, O Ganapati, Seigneur au visage d'éléphant, nous nous prosternons à Tes pieds sacrés.

vināyaka enkaḷ vināyakā
vinaikaḷai tīrppāy vināyakā
vināyakā enkaḷ vināyakā
vettriyai taruvāy vināyakā

O Vinayaka, détruis les effets de nos mauvaises actions, O Vinayaka, accorde-nous la victoire !

alayum manadai aṭakkenḍrē
eli vāhanattāl uṇarttukirāy
adhikam kēḷ nal vākkenḍrē
ānaiceviyāl uṇarttukirāy

La souris, Ton véhicule, nous rappelle la nécessité de maîtriser le mental ; Tes oreilles d'éléphant nous rappellent la nécessité d'écouter de sages paroles.

siruvāhanamum peruntalayum
sīrāy ceppumun tattuvamē
nuṇṇiyatil nī nuṇṇiyanē
periyatil ellām periyōnē

Ta monture minuscule (la souris) et Ta tête énorme symbolisent Ta nature réelle : Tu es plus petit que le plus petit et plus puissant que le plus puissant.

tōrkkum karaṇam māyaiyadan
īrkkum piṭiyil enḍruṇarndē
tōppukkaraṇam pōṭṭiṭavē
kākkum daivam gaṇapatiyē

Nos sens sont aveuglés par le charme de Maya (l'illusion) ; grâce à Toi, nous en prenons conscience. O Ganapati, nous nous prosternons devant Toi, notre Sauveur.

www.ingramcontent.com/pod-product-compliance
Lightning Source LLC
Chambersburg PA
CBHW060207070426
42447CB00035B/2805
* 9 7 8 1 6 8 0 3 7 6 4 6 3 *